弄懂6-12歲孩子的內心×情緒×行為問題

心理師給父母的21個教養解答

作者 臨床心理師 陳品皓

推薦序

教育現場的輔導至寶

薩提爾教養暢銷作家　李儀婷

品皓心理師一直是我非常推崇的作者，不管是在教育現場面對孩子的輔導，或者是成人心理諮療的方式，甚至親職講座的台上教學，一直深受許多人喜愛，這些人也包括我。

品皓心理師在學校服務多年，擁有非常多寶貴的經驗與資源，這本《弄懂六～十二歲孩子的內心×情緒×行為問題》，在二〇一五年出版上市時，我便已拜讀，如今歷經六年的時間，出版社願意重新製作出版，這是所有家長及老師的福音。如今，這本書比過往更符合人文精神，以更貼近孩子的角度，讓有著切身之痛的父母有了新的方向，使整本書更具有宏觀的視野，也更具使用性。

六歲以前，在孩子的教養上，是「習慣養成」的黃金期，而六～十二歲的孩子，進入學校後，更是養成各種自律行為的黃金期，因為此時期的孩子已然是脫離父母完全照護的年紀，邁往自由的獨立人格。這個階段的孩子將遭遇過去從未面臨的挑戰，包含學習能力、同學間的人際關係、環境適應能力等等，為了面對這些挑戰，孩子將衍生出讓父母及學校老師都頭疼的各種行為，在薩提爾模式裡，我們稱之為「求生存的應對姿態」。

孩子不是故意的，孩子只是要在環境中求生存。

理解孩子的行為都有其原因之後，品皓心理師更體貼為不同使用者細分回應指南，以四個不同身分：孩子、家長、老師、心理師等面向，來回應孩子的衝突行為該如何正確的回應與陪伴，讓不同身分的讀者，都能同時安心的按照書中的提示，按部就班的操作，方法簡單容易上手。

書本一共分為五大章節，內容涵蓋孩子上學後所有的行為，包含時下讓父母最頭痛的問題「手機」都有解，父母可以從四個面向「原因、利弊、原則、責任」著手，讓家長清楚知道自己該站在什麼樣的位置，又該從什麼面向與孩子討論手機使用辦法，方法簡單易懂又非常實用。

這本書適合所有家中有學齡孩子的家長，不管孩子是安靜害羞，還是外向躁動，或是膽小內縮的個性，也不管他在學校遭遇到霸凌、排擠、偷竊、愛說話等問題，這本書都是最好的親師手冊，只要這本書在手，孩子任何的行為問題，都有回應的方向，是一本具有實用及收藏價值的親師輔導手冊！

推薦序

成為孩子遇到困難時，願意求救的那個人

資深教師／神老師　沈雅琪

讀師院的時候，有一門課教授教了行為改變技術，教我們用說話的技巧引導孩子說出內心的感受、表達情緒。當時我心裡很疑惑：「有誰會跟孩子這樣說話？有用嗎？感覺一點溫度都沒有呀！」等當了老師和媽媽這麼多年以後，跟數百個孩子的情緒交手，才發現在處理孩子的問題時，越是激動，越要用當年學的這些行為改變技術對話，不僅能穩定自己的情緒，也能讓孩子在情緒中釐清思緒、好好表達清楚、思考行為的責任。

這本書裡寫了很多與六～十二歲孩子相處的實例，都是在班上常常會發生，也是許多家長和網友曾經問過我的問題。像是孩子說謊的問題：「我明明告訴他，只要說實話，我就不處罰他呀！他為什麼還是一直說謊？讓我更

生氣？」面對我們生氣的表情和口氣，要讓孩子相信說實話我們就不會生氣，實在太沒有說服力呀！

說謊是一門很複雜的學問，書裡寫了很多孩子會說謊的原因，故意的、沒有自覺的，每一個孩子說謊的原因都不一樣，千奇百怪應有盡有。用父母的角度看自己的孩子說謊，很容易陷入情緒中，如果我們大人能先穩住失望、憤怒的情緒後找出孩子說謊的原因，才能對症下藥。

每個人都會有情緒，在書中有一段話寫著：「父母應該適時表達自己的感受，告訴孩子：你這麼做讓我很傷心！有些家長認為對孩子表露自己的傷心是一種情緒勒索，這是一個誤會，勒索的意圖是在謀利自己，而表露情緒是因為擔心孩子，這兩個的出發點完全不一樣。」

我很認同這一段話，我們心疼孩子，接受並尊重孩子的情緒，捨不得他們傷心，也應該讓孩子學習尊重別人，在說話、行事時都在意別人的感受，第一個步驟，就是讓孩子了解我們的感覺，知道說出口的話和行為會傷人，應該要三思而後行。

書上另外一個重要的觀點，是提醒我們在孩子發生事情時，不要氣憤地只想著處罰，而是要跟孩子站在同一陣線，「用釐清代替責罰」，很多事情只看表面會有誤差，經過轉述後會加入個人的偏見，站在旁邊的人只看到孩子的行為，卻看不到孩子的本意。

透過這本書，解碼孩子的內心×情緒×行為，我們練習與孩子對話，成為一個孩子在遇到困難時，願意求救的那個人。

推薦序

處理孩子的問題行為，沒有單一解方

諮商心理師　陳志恆

這幾年，我到各級學校與老師們研習或座談，最常被問到的問題，就是孩子時常在教室裡情緒失控，暴怒之下出現衝動行為。像是：口出惡言、肢體攻擊、大吼大叫、衝出教室、破壞桌椅……等。

這樣的問題，屢見不鮮。往往干擾教學活動，更破壞上課氛圍，也難免引起同學或家長的抱怨。除此之外，還有對師長態度不佳、目中無人，以及反覆說謊或擺爛等行為，也令人頭痛。

有經驗的老師，可以有效處理孩子的問題，同時讓班級逐漸穩定下來；但有更多，對這類問題束手無策的教師，整天疲於奔命、心力交瘁，卻不見成效。而家長也很痛苦，天天被寫聯絡簿告狀，三天兩頭被請到學校去會談，開過無數次會議，甚至被要求帶孩子去就醫。

面對孩子的問題行為，為什麼大人如此無力呢？綜合過去的觀察，有以下原因：

第一、常在孩子情緒盛怒下勸誡孩子，激發對立。

第二、使用單一策略處理複雜問題，例如，偏好使用懲罰或說教。

第三、缺乏與孩子建立足夠的信任關係。

第四、未能看見行為背後的情緒訊息，如擔心、焦慮、憤怒或混亂。

第五、大人自己處在混亂、焦躁與無力的情緒狀態中。

在挫敗與壓力之下，我們常試圖尋求一套單一速成的解方，期待做了之後，藥到病除，孩子的問題行為就此消失。所以，每每在和老師或家長諮詢時，會被這麼問到：「心理師，你別講那麼多，告訴我，到底怎麼做，能改善問題就好！」或者，會聽到這樣的話：「你們專家說的都沒用，孩子的問題依然還在呀！」

這種尋求單一速成解方的錯誤期待一旦存在，就會阻礙了孩子身旁的大人，用更多元的視角去觀察與分析孩子行為背後的成因；也看不見孩子的行為，其實一直在改變中，只是很微小而已。

陳品皓臨床心理師有多年學校輔導實務工作經驗，長期陪伴校園中的孩子、教師與家長一起面對教養困境。這本書，列舉了他在實務工作中常見的學齡兒童問題樣態，每一項都是如此熟悉，但也大大困擾著師長們。

不論是家長或第一線的老師，都需要更多正確有效的介入策略，來理解與處理孩子的問題。這本書的每一篇，都從案例出發，逐一解析孩子問題行為背後的可能成因，並建議老師或家長，該注意些什麼，以及可以怎麼做。

你會在書中獲得，許多具體可行的教養策略。但這本書更試著傳達一個訊息，就是，每一個孩子都需要被理解。我們面對的是一個人，而不是某個行為。當孩子的內在能夠被傾聽、被理解、被靠近時，改變自然有可能發生。

自序

陳品皓

二〇一五年，《弄懂六～十二歲孩子的內心×情緒×行為問題》出版，這是我的第一本著作，也是我先前所有校園臨床工作的一個整體回顧，當時輔導工作已經慢慢扎根在校園，並且獲得許多老師、學生與家長的肯定與認同。在校園輔導理念的散播與推廣下，我們對孩子的理解，從早期的行為問題進一步深入到情緒議題，以更完整的角度來認識一個人，這是相當不簡單的成就，也是許多前輩們努力的成果，我在這樣的氛圍當中進到校園，展開我的第一線經驗與觀察。

初版上市後，得到非常多肯定與迴響，許多老師與家長閱讀後，對於他們在帶班實務或是家庭教養上帶來許多幫助，讀者朋友們對於本書的正面回饋，帶給我相當大的肯定與鼓舞。隨著時間過去，我的實務工作仍然持續，在往後幾年的觀察中，我發現這本書有些內容需要做一些幅度的修改，並且因應實際的問題，也必須要增添新的內容，才能滿足更多朋友的需求。剛好今年出版合約到期後，我能夠趁這個機會把內容作更完善的調整跟增修，以符合眼前的情勢。

在本版的著作裡，我把這幾年實務工作的經驗重新導入原本的內容，做出更合宜與適當的修改，同時增加網路沉迷的主題，這是全新的一個篇章，也是我這幾年普遍看到的問題，希望透過文章的整理，我們能夠更加聚焦在問題的本質，並從中得到因應的方式。

本書從初版到再版，如今能夠以全新完善的內容和讀者朋友們見面，我的妹妹是最重要的主力推手。而本書的所有內容，我的夥伴、同事與每一位我有幸陪伴的孩子，都是關鍵的靈魂角色，沒有他們，不會有本書的問世。

最後，感謝我的母親，鄭美連女士，願一切榮耀歸屬於祢。

前言

相信不少父母都贊同，孩子單純得像張近乎全白的紙，尤其是陪孩子成長的過程中，我們不時因為他們的童言童語或自然不造作的行為，打從心底湧出喜悅，我們在孩子身上看到毫無保留的真摯。

而國小，是孩子從家庭走向社會的第一站。在這裡，孩子開始學習與爸媽分離、接受有系統的教育、融入群體生活、接觸家庭外的人際關係等等，在每一天固定的生活中，總有許多不預期的事情發生，這對孩子是充滿挑戰與樂趣的過程，也就是在這個階段，孩子透過在學校與家庭中的觀察、學習與經驗，進而瞭解、覺察自己，發展出獨特的樣貌。孩子不但在學校學習，他也會把在學校學到的事物延伸回家裡，反之亦然，孩子會把家中學到的任何行為、言論與價值觀，在學校生活中完全展現。

在這個階段，父母與班級導師的角色就更加重要。對孩子來說，父母不但是孩子模仿的對象，也是向外探索時重要的後盾，爸媽對待孩子的方式、處理情緒的方式，將會深刻影響孩子日後與別人互動的方式、面對情緒的反應，而家庭中的任何狀態更是隨時牽動孩子。對導師來說也是如此，導師的帶班風格與處事方式，也會為孩子帶來許多意義深遠而重大的影響。

我在學校服務許多年，幾年的經驗累積下來，我發現其實每一位父母都知道家庭教養的重要，然而比較可惜的是，當遇到孩子在學校或是家中某些特定的問題時，卻沒有具體的建議或方法可以參考，在直覺與情緒下的反應，有時候卻造成親子間的對立與衝突，更激化了原本的問題。當我和父母討論孩子的管教時，大部分爸媽想到的都是要怎麼處罰孩子，我會盡量跟爸媽解釋一個很重要的原則：「管教」的確包含處罰的成分，但是處罰並不代表管教的全部。管教中更重要的是包含學習的元素，因此，管教不僅只是規範孩子的行為，也在讓孩子透過學習，能夠反省自己行為的恰當性，而學習最直接的方式，就是觀察與模仿。

老師帶班時，也會因為一些孩子的特殊行為而造成干擾，但是當老師介入處理並試著和家長合作時，往往演變成與家長的衝突與心結，影響親師、師生之間的關係品質，導致孩子、家長與老師三輸的局面。

有鑒於此，我整理了多年來，親身走遍多所校園，不論是進班觀察、研討會議、實際治療或與各處室合作的大量案例、輔導經驗，匯集成二十一個家長與老師最常碰到的問題種類，並從父母與老師兩方角度，各自提供具體的意見與想法，希望能有實質幫助。

每一篇都有一個案例故事，每一個故事的背後，都是好幾個孩子的縮影，我們將這些故事作為開頭，進一步分析這些行為背後可能的各種原因，提供在實務上有效，也可以在家操作的具體建議，最後從學校老師的角度，討論該如何協助孩子所面臨的各種問題。

更重要的是，孩子展現的問題與困擾，往往並非單一的理由或原因就可以完全解釋。更多時候，一個現象的背後，常常是許多因素的共同結果，因此更需要長時間的投入與協助，才可能改善。這個過程不管對孩子、爸媽與老師來說，都是考驗耐力與信任的試煉，因為我們往往會認為，既然我們已經有做些什麼了，那應該孩子要**很快**改變才對，一旦結果不如預期時或成效不明顯時，我們不免會在挫折與氣餒中懷疑自己、對方與方法。

幾年來，我發現這個問題發生在不少家長與老師身上，而影響了協助孩子的意願，相當可惜。後來透過訪談、研究與反思，我才發現爸媽或老師之所以容易感到氣餒，原因很可能來自於自己所抱持的觀點。當大人以「單一事件」的角度看孩子的行為時，理所當然地會看到孩子的行為仍然不斷發生，因此覺得沒有任何改善。但是如果我們改成用「趨勢」的角度來看孩子的行為，也就是從行為本身的強度、次數、影響範圍、持續時間等各種細緻的向度來看時，我們很有可能發現孩子行為的某種趨勢出現了，可能是每次發作的強度變低了，或是影響範圍變小了，這種趨勢便是在告訴我們，孩子用他的能力與方式作調整。當你看到孩子改變的趨勢，並且肯定這樣的趨勢時，改變就這麼發生了，它可能發生在孩子的行為、發生在你對他的看法、發生在他對你的互動，或是發生在你們彼此的關係裡。

CONTENTS

PART 1

和周遭對立反抗的孩子

PART 2

暴衝搞破壞的孩子

PART 5

其他疑難雜症的孩子

附錄

PART 1

和周遭對立反抗的孩子

Q 01

做事總是拖拖拉拉，非要三催四請加罵人才肯去

「小亞，你在看電視嗎？幫媽媽去超市買一盒鹽巴。」林太太在廚房裡朝客廳大喊。

小亞看著電視沒有回應。等了一會兒，林太太再度拉開嗓門：「小亞，聽到沒？去超市買一盒鹽巴，不然我沒辦法煮菜喔。」

「很煩耶，人家在看電視啦！」小亞頭也不回的喊。

「叫你去買就去買，你不要吃晚餐了是不是？」林太太有點生氣了。

「不吃就不吃呀，我又不餓，沒差。」小亞仍是一副毫不在乎的樣子。

「你說這話什麼意思！你不吃，爸爸不用吃嗎？弟弟不用吃嗎？你會不會太自私！只顧慮到你自己，媽媽只是叫你去買一包鹽巴，又不是叫你去幹

嘛，是有多困難？」媽媽開始在廚房裡大吼，小亞依舊沒有動靜，媽媽使出了殺手鐧。

「我數到三，你要是再不去買，我就把電視關掉，插頭拔掉，……」

「煩耶，你不會自己去喔，不然用外送平台買啊，是你們要吃的幹嘛叫我買！」小亞不情願地從桌上抓了把零錢，氣沖沖的出了門。

幾分鐘後，小亞回來，將手中的鹽巴往廚房的流理台上丟去，媽媽被這個突如其來的舉動嚇了一跳，「你是不會用放的是不是？動作這麼粗魯？」

「就幫你買回來了呀，幫你買還大小聲！奇怪耶……」小亞板著臉走回房間，「砰！」的一聲關上房門。

「你說誰奇怪？你這是什麼態度！等爸爸回來我一定要跟他說。請你做件事心不甘情不願拖拖拉拉還頂嘴！你看看你什麼樣子！」只見媽媽手中的菜刀越剁速度越快，越剁聲音越大聲，砧板上的雞腿肉這下全成了雞肉泥。

生活應用解析

很多人都不喜歡自己專注的時候突然被打斷，哪怕理由有多充分，但被打斷就是被打斷，不耐煩的感受瞬間就會飆高，然後表現在言行上，這是很正常的反應。你不妨想想看，今天如果你正津津有味地看著影集，劇情高潮時，突然傳來垃圾車的音樂，這時你心裡也會百般不耐。因此當孩子的專心被打斷時，他不耐煩是正常的，他也有權利表達，這些都是他要自己消化的部分。

回到指令這件事。給孩子指令時，要先確定他有專心在你身上，再確定指令是否清楚完整。因為當孩子不專心或是訊息一下子太繁雜時，接收就會有困難，如果接收不完全，理解也就跟著出錯，那孩子當然就無法做出適當的反應。如果注意力跟命令都沒問題，但孩子就是不理你，甚至唱反調，這可能代表管教方式出了問題。孩子為什麼遵守爸媽的指令？因為**指令在孩子的心中有分量**。而分量則是看孩子遵守指令的後果，以及他與爸媽間的關係決定的。當孩子遵守指令可以得到好結果時，他的意願就會變高；如果孩子不遵守指令的結果跟遵守指令沒什麼不同，那這個指令對他來說有或沒有其實沒差。既然如此，與其遵守，還不如忽略來得輕鬆一些，反正聽不聽都一樣。久了，指令在孩子心中的分量就像降落傘，越來越低，像林太太這樣。

父母可以這樣做

1. 教養，可以是一種「合作」關係

對孩子來說，「聽話」從來就不是天生的內建能力，但我們總是期待「聽話」是孩子的原廠設定，所以產生了根本性的衝突，並在家中不斷上演。我對「聽話」這件事也充滿矛盾，一方面希望孩子有自己的想法跟主張，一方面卻又希望孩子能對自己言聽計從，但總給不出一個妥當的方法，要取得平衡不是一件簡單的事。

對孩子來說也一樣，隨著孩子越來越有自己的看法，期待孩子完全「聽

話」就成了關係中的枷鎖。因此在大人期待與孩子立場的差異之間，或許用「合作」的心態，較能夠促進溝通，而不是製造隔閡。

什麼是「合作」？合作就是我們在同一件事情上建立共識，在共識的基礎下各自完成本分，達到共識或目標的過程，就是合作。

比如你在做晚餐，發現醬油用完了，你可以用命令或合作的方式：

命令：「手邊東西放下來，現在去買醬油回來，快點不要拖拖拉拉，你知不知道我很急！你不想吃晚餐了是不是？」

合作：「我們醬油用完了，這樣菜煮出來沒味道，我要請你幫忙買醬油，我們才能一起完成晚餐。」

2. 增加指令的分量

一句話有沒有分量，看的是親子間的關係。關係越好，話的分量越重，除了平時維持良好的親職互動外，說話要有分量，有幾個原則值得注意：

❶ **說話算話：**家長自己能夠說到做到，孩子才會知道你是認真的。父母有時會因為許多原因破壞自己定下的原則，這都會為孩子帶來不好的示範，記得，你要孩子聽你的，首先你自己要堅持原則。

❷ **指令不是邀請：**給孩子指令時，盡量中性而堅定，減少孩子轉圜或是討價還價的空間。有些家長會習慣說：「幫媽媽把掃把拿來，好不好？」、「幫爸爸把電視關上，可以嗎？」這類的指令如果遇到孩子拒絕時，就容易出現爭執。你可以溫和但堅定地說：「現在請幫爸爸把電視關上。」

❸ **製造協助的機會：**爸媽可以先選擇一兩件孩子很容易做到的事情，要求孩子執行，一旦孩子做到時，給予讚美即可，越具體的讚美越好，比方：「謝謝你願意幫我這個忙。」

3. 把指令化繁為簡、分段進行

請家長試著快速念完以下句子，再回答問題：「小明，你等一下吃飽飯把國習、數習跟生詞還有安親班的英文跟聯絡簿都拿出來給我檢查。你現在在十分鐘之內把晚餐吃完，不准說話，先吃那條魚，不要挑食，高麗菜也要吃、那個有很豐富的營養的，吃不完你別想吃點心。」

現在，請你回想，小明要拿哪幾樣作業？

發號施令時，記得保持輕薄短小的原則為主，越簡單、越短、越好理解就是越理想的指令。孩子的注意力有限，記憶力也有限，越冗長的指令越難吸收，注意力也會越容易渙散。

4. 請孩子重複指令

要確認孩子是否聽到指令的最好方法，就是請孩子用自己的話重複一次，這樣你就可以知道孩子是否聽到重點，而他也會因為你的確認提高注意力。

親師交流板

通常當孩子情緒越高漲，不服管教的機率便越高，有些老師會用更高壓更大聲的方式，試圖壓過孩子的氣勢，這招通常會有效，但不是每個老師都適用，一旦效果不好，很可能在孩子心中的威信也會受到損害。切記：說話的分量，不等於說話的音量，而是來自於孩子知道你在他心中的重量。

1.「冷臉隔絕」抓回注意力

孩子不服管教時，較資深的老師通常會先控制事態不往更激烈的方向發展，而控制事態的最簡單作法，就是「冷臉隔絕」。當你面無表情平淡的看著對方時，這種面無表情會快速抓住孩子的注意力，他會試著從你臉上找出端倪好理解眼前的狀態。一旦孩子把注意力放在你身上，就開啟了對話或控制事態的機會。有些老師可以用說理的方式快速疏通孩子的情緒，但也有的孩子僵持時間比較久，因此需要先讓孩子把情緒走過，再講道理。

2. 先肯定，再處理問題

有些孩子在課堂上會做一些唱反調的事情，像是丟別人的聯絡簿、上課翹椅子、轉書、丟東西等，挑戰老師的權威，通常這意味著老師和孩子之間可能存在某些緊張關係，因此重新思考自己跟孩子的關係或許會有幫助。

有些有經驗的老師會私下和這些孩子一對一溝通，先讚美孩子的某些表現，再舉出自己觀察到孩子這些問題行為，詢問孩子的原因，請孩子幫忙管理自己，減少老師的壓力，畢竟男生講義氣、女生講意義，當孩子覺得自己是在幫忙你的時候，無形中也是肯定他是有能力的。

例句：

「XXX，我發現你最近在＿＿＿＿（具體事件）的表現相當投入（讚美孩子的態度），謝謝你願意這麼做，因為我知道這並不簡單。另一方面，我發現你最近在＿＿＿＿（時間地點）時，有些＿＿＿＿（行為），這讓我很困擾，因為我不知道發生什麼事情。你願意讓我了解嗎？（傾聽並同理）」

「我想請你幫我一個忙，這不簡單，但是對我幫助非常大，就是＿＿＿＿

（目標行為）。」

一旦孩子初期做了某些努力或改變，那怕只是一點點不起眼的改變或嘗試，也是不簡單的事情，當我們看到孩子的這份嘗試，具體而正向的肯定是有必要的。

1.

小明，你吃飽飯後把國習、數習跟生詞還有安親班英文跟聯絡簿都拿出來給我檢查。十分鐘之內把晚餐吃完，不准說話，先吃那條魚，不要挑食，高麗菜也要吃、那個有很豐富的營養的，吃不完你別想吃點心。
……吃飯……

2.

小明，請把國習拿過來，謝謝！
OK！

指令輕薄短小最好，別忘記肯定孩子。

Q02 孩子容易被小事激怒、莫名其妙發脾氣

「老師，阿正又在那邊發瘋了！」莉莉緊張的跑來跟老師說：「他在走廊一邊罵曉娟還邊丟她東西，別人勸他都不聽。」

「發生什麼事情嗎？」老師問。

「不知道呀，他剛剛一下課就追著曉娟罵，他每次都這樣，動不動就暴衝，我們也沒注意他在罵什麼。」莉莉回。

「阿正，請你過來一下，發生什麼事了？」老師急忙走出去把阿正拉到一邊，而阿正還是一臉紅通通、氣呼呼的樣子。

「都是曉娟那個笨蛋害的，她剛剛發聯絡簿都亂丟，然後就把我的聯絡簿丟到桌子下，氣死我了！」話還沒說完，阿正又回頭對著曉娟大吼：「白

目鬼！腦殘王！全家死光光！」曉娟則是無奈地站在門邊，一臉愁苦眼眶都紅了，不知道該說什麼。

老師請曉娟過來，澄清事情的來龍去脈，說明了原委，然後請兩個人互相為自己不當的行為道歉。而當曉娟道歉後，阿正還是擺著一張臭臉沒有任何反應，儘管老師要求仍然無動於衷，最後老師也生氣了，命令阿正去教室後面面壁思過。

阿正在班上有個響噹噹的外號「爆炸王」。因為在同學眼中，阿正很容易激動，常常漲紅著一張臉，好像硬撐的氣球快要爆炸一樣。他老是因為班上一些不順心的小事情翻臉不認人，像是別人不小心碰到他、玩遊戲玩輸了、同學開玩笑過了頭、分組沒人找他等等，整張臉揪的跟包子一樣。不但生起氣來六親不認到處破口大罵，久了同學也害怕跟他互動，因為有可能隨時被他的情緒炸到面目全非。

生活應用解析

近年來，市面上有許多推廣認識「情緒」的書籍，因為「情緒」是我們生命中無比重要並不可或缺的一個成分，它常常低調悄聲地躲過我們的注意，但卻全面影響我們的作息、生活、工作、課業、人際關係，甚至家庭。可能是在某次和家人激烈的爭吵過後、在和朋友傾訴一段關係的不滿中、在你做了某件傷害自己或他人行為而反省時，你才會注意到情緒的存在，發現它對你帶來的影響，於是你突然醒悟：「哇！原來是這麼一回事，情緒跟我的生活竟然這麼密切！對我帶來了這麼大的影響……。」而這個頓悟的時刻，以及理解自己情緒的過程，便是自我「情緒管理」的開始。

情緒管理有另一個大家比較熟悉的名字，叫做「情緒智商ＥＱ」。情緒智商ＥＱ是一個很奧妙的主題，甚至對不少人來說是值得投注一生修行的議題。不過，說到情緒管理，我們應該要先知道究竟什麼是情緒，以及為什麼要幫助孩子來管理它。

如果你問心理學家什麼是情緒？心理學家會跟你說「情緒」是由兩個部分組成的，一個是你身體發生的事情，也就是生理的反應，它是一連串生理變化的過程，從全身發熱、心跳加快、血壓變化、留下眼淚到腦袋一片空白都是。情緒的另一個部分，則是大腦發生的事情，也就是你怎麼思考、你的想法，像是**「我現在難過到想躲起來」、「我好生氣，因為……」、「我覺得自己好糟糕，我一無所成，我不如去……算了」、「我討厭死他了，我要……」**等等。你身體的狀態以及你的想法，這兩個成分加起來就是所謂的情緒。所以你會有焦慮、生氣、難過、憤怒、沮喪等等的情緒，而這些情緒都會讓生理出現變化，也讓你對自己、別人出現了一些想法，最後導致行為的發生。

有經驗的家長都知道，當孩子因為情緒而做出不當的暴衝行為時，往往會破壞他在班上的人際關係，而這又進一步惡化了他在課堂中的學習表現與師生關係，最後不僅孩子痛苦，爸媽也受苦。因此我們知道，不當的情緒管理會帶給孩子深遠的負面影響。

所以，如何在你生氣、激動、焦慮或難過等情緒下，在當時的環境中做出合宜的反應，這種能力就是情緒管理。而在從情緒產生到做出行為，中間的過程有一個很重要的樞紐，就是大腦的思考與想法。

我們的情緒隨著大腦的發展與經驗的累積，慢慢邁向成熟，因此大人的情緒狀態往往比青少年穩定，而青少年又比小朋友平穩些，這些都是大腦成熟跟經驗學習的結果。所以除了時間（**大腦發展**）因素外，學習（**經驗**）怎麼管理情緒也是關鍵。

學習情緒管理的第一步，就是要知道情緒有哪些、自己處在什麼樣的情緒狀態裡，然後才能學習如何管理。

爸媽可以這樣做

1. 引導孩子認識自己的情緒

知道自己是開心、是難過、是生氣、焦慮還是緊張等，就是情緒管理的第一步。

孩子天生就對別人的情緒很敏感，但往往很難馬上知道自己的狀態；大人可以協助扮演這個角色，我們可以從孩子的表情言行、所處的環境以及遭遇的事件中，推論孩子現在的情緒，並且描述給孩子聽，包含：**「我看到你現在不說話，是不是因為剛剛……，所以你現在很難過？」、「我聽到你剛剛在房間裡在念些什麼，是不是因為明天要……，你現在有點緊張？」**當你對孩子這麼說時，孩子逐漸能從你的引導中認識自己展現情緒的方式，以及引發這些情緒的原因，**他會想：「喔，原來我坐立不安這是緊張，而我會緊張是因為明天的考試……。」**

2. 情緒溫度計

每種情緒都是有層次和程度的，展現方式也不一樣。例如，同樣是難過的情緒，有的孩子會一個人靜靜坐在椅子上啜泣，有的孩子會找朋友講話，有的孩子則是會在課堂上痛哭不止。因此，孩子除了要知道自己處在什麼情緒下，我們也可以幫助他去評估情緒的強度，以及他如何表現出這些情緒（展現的方法，以及對環境影響的程度）。

利用溫度計的概念，我們可以將情緒用數字劃分出不同的程度。以生氣來說，我們可以請孩子從零分到十分（數字越高越嚴重）評估自己的生氣程度，並且帶著孩子去看看不同分數下的生氣，會有哪些不同的生理反應，以及通常會做出什麼行為，不只壞心情可以用，好心情也適用。

情緒溫度計的好處，是它概念清楚，很容易被孩子接受，又可以將抽象的情緒轉換成具體的數字。不但孩子很好理解，大人也可以掌握孩子的情緒狀態。孩子評估時，也會慢慢學習到自己的情緒與行為之間的關係。（請見附錄一）

3. 錦囊妙計

一般來說，當孩子能夠確切描述自己的情緒種類，以及評估情緒的強度後，他也開始會有能力去學習如何處理自己的情緒。

但常見的問題是，孩子往往不知道為什麼要處理情緒，因此我們可以就他的經驗，先討論有哪些情緒反應的結果是孩子不喜歡的，從這個部分和孩子討論如何減少不喜歡的結果，並且帶入情緒管理（錦囊妙計）的技巧。

困擾每個孩子的情緒都不一樣，我們可以幫他過去的經驗中，整理出幾個曾經試過並且有幫助的方法，作為他的錦囊妙計。如果孩子過去沒有處理情緒的經驗，爸媽也可以和孩子一起討論幾種可能引發麻煩的狀況，以及應對的方法。

在跟孩子討論錦囊妙計時，有幾點原則：

❶ **轉移注意力**：孩子有情緒時，常常會在當時的環境越陷越深，因此最簡單直接的方法，就是將孩子的注意力從困住他的環境、想法或是人事中抽離出來。

❷ **自我對話**：爸媽可以教孩子使用自我語言教導法，並且大聲唸出來示範給孩子看。這是一些告訴自己去做（或不要做）某些事的簡單句子，例

如：「他讓我很生氣（**情緒**），我現在要離開教室（**行動／策略**）」、「我現在很生氣（**情緒**），所以我要跟老師說我需要洗把臉（**行動／策略**）」、「我很緊張（**情緒**），所以我要做一下深呼吸，再繼續下去（**行動／策略**）」。

這些句子練習久了，就會變成孩子思考的慣性，而合理的思考會進一步引發適當的行動。

情緒整理練習題

試試看和剛發過脾氣的孩子對話：

家長：「你有沒有發現，當你生氣到8分強的時候，你會做些什麼事？**（詢問孩子某情緒狀態下的行為）**」

孩子：「嗯，我身體會很熱，會亂丟東西。」

家長：「好像還會踢椅子？對嗎？。」

孩子：「有時候。」

家長：「如果在班上這會有什麼影響呢？**（引導孩子看見自己行為帶來的後果）**」

孩子：「嗯，老師不喜歡，同學也會覺得我怪。」

家長：「如果一直這樣下去，每次生氣都這樣，會有什麼結果呢？**（帶孩子評估生氣的實質後果）**」

孩子：「我猜可能同學不敢跟我玩吧……。」

家長：「這個後果你喜歡嗎？」

孩子：「不喜歡。」

家長：「你比較喜歡怎麼樣的後果呢？**（帶入孩子的期待）**」

孩子：「同學跟我一起玩，不會怕我。」

家長：「那是不是代表，如果你生氣時候，不踢桌子、丟東西，同學就會願意跟你一起玩呢？**（引發改變的動機）**」

孩子：「嗯嗯對。」

家長：「那我們來討論有什麼方法可以幫助你吧！**（帶入主題：情緒管理）**」

親師交流板

情緒是天性，只有當孩子展現情緒的方式與強度造成干擾時才是問題。因此遇到類似問題時，老師也可以採取類似情緒溫度計的方法，讓孩子在事後評估自己當時的情緒強度（**自我覺察**），討論行為的結果他是否喜歡（**引發和老師合作的動機**），可以用哪些方法避免類似的狀況再發生（**因應技巧的練習**）。老師可以每週或每月評估孩子改善的狀況，並且告訴他你看到他的努力與改變，和他討論怎麼辦到的。這將會讓孩子知道你注意（在乎）他，並且讓他也相信自己有能力管理自己。

1.

覺察，是情緒管理的第一課。

2.

每個人都能找到讓自己冷靜的方法。

Q 03 和同學一有爭執就出口成髒，怎麼辦？

「老公呀，平平又對同學講髒話了，老師聯絡簿上有寫。」陳媽媽對陳爸爸說。

「講什麼髒話呀？」陳爸爸沒好氣的問。

「老師沒說耶，我們找平平問清楚，平平！你過來！」媽媽朝平平房間喊。

「聽老師說，你是不是今天又對同學罵髒話了？」媽媽問，原本興高采烈的平平，這時低著頭默默看著地上不發一語，按捺不住的爸爸不待平平開口便開砲了：「你罵什麼？你憑什麼罵髒話？混蛋東西，你知不知道這樣很糟糕，你以為你是誰啊？你下次再給我罵一次試試看，你就死定了你！」爸爸對著平平咆哮。

頓時全家陷入一場火爆的煙硝味中，這時媽媽趕緊打圓場：「好啦好啦，爸爸你先不要說話啦，讓平平解釋一下！」

「解釋什麼？這有什麼好解釋的？在學校講髒話就是不對呀！笨蛋，說話都不會看場合！找死呀你！」

媽媽勸不動爸爸，只能輕輕地嘆一口氣，爸爸則是繼續拉開嗓門大聲罵著平平，終於，平平勉強擠出一句話：「可是，這又沒什麼，而且是小寶先白目惹我的，我才會罵他智障加白癡……」

「在學校可以罵髒話嗎？連這個都搞不清楚，你是笨蛋嗎？被你氣死了我，在這邊罰站到我說好為止！」氣呼呼的爸爸轉頭就離開。被罵到臭頭的平平一邊面對牆壁，一邊默默念著：「你還不是一樣……為什麼你們大人就可以？……最好你可以說一套做一套，還不是因為你是大人……」

生活應用解析

孩子罵髒話，通常有幾個可能：❶罵髒話是同儕的次文化，罵髒話增加被朋友接納或被注意的機會；❷孩子遇到挫折而心情不好；❸孩子對罵髒話感到新奇刺激，或是罵髒話是模仿的結果。少部分的孩子幾乎隨時出口成髒，並且用詞相當惡毒傷人，不但對同學如此，對大人也不客氣，這種情形就需要用更大量的心力來幫助孩子。

有時孩子聚在一起，當其中一個孩子脫口說出髒話時，其他孩子會覺得好笑並且競相模仿，彼此取笑。他們的目的單純只是為了好玩，不見得真正瞭解髒話的意思，以及被取笑者的心情。而部分孩子罵髒話可能是因為遇到挫折，像是跟同學吵架、被排擠挑釁、作業被罰寫不能下課、做錯事被老師責備等等，這時孩子因為情緒無從宣洩，加上激動的狀態，減低了他們對行為的監控力與自制力，因此髒話就隨著負面情緒脫口而出。但不管孩子說髒話的原因是什麼，我們都可以確定，髒話的內容都是學來的。

既然髒話是學來的，這代表孩子也可以學習用別的方式替代髒話，更重要的是，孩子怎麼看待說髒話這件事、怎麼判斷說髒話是好還是壞，也是可以學習的。

爸媽可以這樣做

1. 自己是否成為孩子模仿的對象

孩子的表達、語言或是行為，多半是模仿來的，而爸媽則是孩子優先學習的對象。因此，當孩子開始說髒話時，爸媽可能要反省自己是否無意間成了孩子模仿的對象。如果有類似情況，父母可能需要做出一些調整，在家中或孩子面前減少髒話的表達，甚至不慎在孩子面前脫口而出髒話時，也要馬上跟孩子道歉。

2. 髒話是行為地雷

冒犯或侵犯的不當言辭，需要立即阻止。當孩子在家裡說髒話時，不管是無意間或是衝突時，爸媽可以馬上停下來，很明確地跟孩子說：「**我不喜歡你說——這個字，這個字讓我有被污辱的感覺，對我很不尊重，你知道嗎？**」通常年紀大一點的孩子會表示他可以理解，年紀小的孩子也會因為你生氣或變嚴肅而知道這是不當的行為。

有些孩子會利用其他方式間接表達，比如：「喔！很ㄍㄢ四聲耶！」、「很ㄎㄠ四聲耶！」來規避直接說髒話會受到的處罰。通常孩子這麼說是因為覺得好玩，同時也是因為他知道這是不適當的表達，因此才會用迂迴的方式說，我們只需要確定孩子知道這些話是不適當的即可，並且信任孩子自己會判斷在什麼場合該怎麼說。通常這類孩子聽到大人說髒話時，也會糾正大人，遇到這類情況時，我們應該立即和孩子道歉，並且肯定孩子有這份自覺。

3. 替代語言的選擇

我們自己有時候生氣時都免不了飆罵，更何況是孩子呢！因此當孩子生氣罵髒話時，爸媽可以帶著孩子學習用其他的語言代替髒話。比如，你可以教孩子在生氣時用：「太可惡了！」、「太過分了！」來表達。這麼做有兩個好處：

1. 首先，情緒是無法避免的，但是學習用合理的方式表達，可以減少衝突升高的可能，減少傷人傷己的機會。
2. 當孩子用這些語言表達時，他同時也在學習去覺察自己的情緒，練習用情緒的字眼描述自己的狀態。一旦孩子可以描述自己的狀態時，他就能夠更真實地貼近自己，學習如何處理自己的情緒，而不是用更多髒話或攻擊來表達。**有些孩子說髒話或是攻擊別人，有時是因為他不知道該如何表達自己的情緒。**

通常讓孩子學習用替代語言表達時，爸媽最好搭配獎勵的方式同時進行，比如一旦聽到小朋友跟你說：「我覺得心情不好……」、「這件事情真是氣死我了……」我們事後便可以具體肯定孩子的表達方式，因為這代表孩子有試著用新的語言表達情緒。

4. 越國際，越在地的「多國語言法」

孩子就是想罵髒話，就算是教他說出情緒語言，但仍然很難完全消除那種罵髒話所帶來的慰藉與宣洩，因此有時候我會稍稍接受的灰色地帶，就是讓孩子罵髒話，但唯一的條件就是要求他必須要用外國語，而且越冷門越難念的外國語越好，這可以算是家裡的特許權力。「要罵髒話請用外語」，這樣一來保留住孩子想罵髒話的衝動，同時又避免了直接侵犯的攻擊力道，算是勉為其難的兩全其美。甚至每隔一段時間，還可以要求孩子替換新的外國詞彙，增加孩子的語言競爭力。

5. 處罰是否必要？

很多家長聽到孩子說髒話的第一個反應是：「你敢再講那個字，我絕對會把你打死」、「你敢再說一次試試看！」通常用恐嚇或是威脅的方式，短時間內都很有效，只是孩子同樣也學到用脅迫或暴力的方法解決問題，或是壓抑情緒。因此家長可以自行決定，是否要讓孩子以後都用這種態度來待人處事。

我們可以想像一下，一個在學校和同學說出：「你要是不……我絕對會……」、在職場中和同事說：「你不幫我，那我就不要……」一個在衝突中和對方說：「你找死是不是！你死定了……」對話的人，是不是你對孩子的期待。

親師交流板

大部分的孩子不會在老師面前說髒話，因為他們能夠分辨場合，就算在老師面前說髒話，但如果是玩笑性質居多，通常老師警告過後就會有改善。

少部分孩子說髒話，是因為有強烈的情緒或行為問題，因此髒話並不是他們最主要的困擾，但是因為違反老師帶班的原則，因此大部分情況下，我們還是有必要針對髒話的行為處理。

除了以既有的班規處理外，既然情緒才是孩子罵髒話的主因，那處理孩子的情緒將會是優先的選項。

你可以私下和孩子澄清罵髒話的原因，並且讓孩子知道他的行為讓你困擾，不僅影響到你的原則，也會讓你感到難過（不舒服）。有些脾氣更頑劣的孩子，不太吃老師管教那一招，甚至對嗆老師也是家常便飯，對於這類的孩子來說，情況往往也複雜得多，最理想的方法是花時間經營和孩子的關係，當你越能夠瞭解孩子的困難，你和孩子的關係品質會越好；當關係越好，問題就越少。

1.

2.

孩子的學習是在生活中，
不是在口頭上，
是在眼睛前，
不是在耳朵旁。

Q04 為什麼孩子要對我說謊？

「請問是小明媽媽嗎？媽媽好，我是吳老師，您在忙嗎？」電話那頭傳來導師的聲音。

「老師好，不忙不忙您請說，怎麼了嗎？」小明媽媽放下了手邊的工作，豎著耳朵專心地聽著。

「事情是這樣子的，我最近發現小明每隔幾天數學作業就會沒有寫，這幾天稍微注意了一下，我發現小明會把他不想寫的功課擦掉，用這樣的方式躲避寫功課，想讓媽媽知道一下，也可以在家和小明討論這部分。」

「這樣子呀！太可惡了，回來我好好問問他，謝謝老師。」媽媽掛上電話，想著晚上要怎麼跟小明討論這件事情。

晚上，全家人吃完飯正在清理碗筷餐桌時，媽媽趁著和小明聊天的機會，也問起在學校的近況，「我聽老師說，你最近的聯絡簿是不是有漏抄的情況呀？」媽媽謹慎的開口。

「沒有呀。」小明若無其事的回答。

「我聽老師說，你最近抄聯絡簿時好像有些作業沒有抄到，所以就沒有寫？」媽媽進一步的試探。

「沒有呀，老師搞錯了吧，應該是別人啦。」小明繼續邊說邊擦桌子。

「你確定嗎？」媽媽還是不死心。

「對呀。」小明看著桌子陷入了沈默。

生活應用解析

當家長發現孩子說謊時，先別急著生氣，你必須瞭解「說謊」代表孩子的大腦功能進步了！

為什麼這麼說呢？各位爸媽可以想想看，孩子要說謊，代表他必須綜合**目前掌握到的資訊，將原本的事實透過手邊資料的調整跟安排，重新塑造出一個表面上合理，並且不會被發現的說法（謊言）。這其實涉及到的能力相當多，不是每個孩子都能夠辦到的。**

雖然話是這麼說，但是當大人遇到孩子說謊時，往往心裡會慌張，腦袋裡會冒一堆七竅生煙的想法：你怎麼可以公然挑戰大人的權威、你這樣會破壞彼此信任的關係、你難道不知道這是重大的道德缺點嗎？越想不免越生氣，音量也就越來越大，這時不妨先冷靜下來，讓我們瞭解到底發生什麼事情。

孩子為什麼要說謊呢？其實爸媽只要想想自己的經驗，就可以理解孩子了。孩子說謊，通常大概是幾個原因：❶逃避處罰、❷得到獎賞、❸照樣學樣與❹搞不清楚狀況。

❶ **逃避處罰：**很多歷史故事都告訴我們，當一個政府對老百姓高壓統

治、魚肉鄉民時，通常不用多久，人民不是跑掉就是革命。家庭也是一樣，當掌權的父母總是以極高標準看待孩子的表現，並且採取嚴厲處罰時，孩子為了躲避懲罰，說謊便成了選項之一。

在學校，孩子面對不想寫的作業、做錯的事情時，也會用說謊逃避。

❷ **得到獎賞：**有些孩子能力或條件不好，但是希望別人可以認為自己很厲害，或是希望可以得到自己想要的獎勵時，也可能會用說謊來滿足自己，比如誇大自己的能力、表現。有的孩子則是捏造家事紀錄或是閱讀紀錄，只為了可以得到老師的獎賞。少部分的孩子，因為爸媽工作太忙或是家庭因素，很少有機會陪陪孩子，因此用說謊的方式來博取大人的關注。

❸ **有樣學樣：**如果孩子在家裡看到大人用說謊來解決問題，那麼他很快就會開始跟著說謊。

❹ **搞不清楚狀況：**有些孩子注意力鬆散，因此容易狀況外，不是話聽

一半就是搞不清楚狀況，得到的訊息也一知半解，就以為是事實而做出反應或是宣揚，通常這除了苦笑以外，就是繼續苦笑。

家長怎麼做

儘管說謊理由百百種，不過，對絕大部分孩子來說，說謊本身會引發一連串的生理反應，包含瞳孔放大，以及心中會彌漫着一股不安、擔心的不舒服感，因為他們知道這是不對的行為。

1. 釐清孩子說謊的動機，點出孩子的需求

覺察到孩子說謊時，通常透過詢問就可以經由孩子的反應知道他是否說謊，有的孩子在一到兩次的詢問後，原本斬釘截鐵的態度會變得猶豫，當他說出：「應該是吧」、「我有點忘記了」或是開始沉默不語時，這代表孩子可能在說與不說之間感到為難與矛盾。

這時爸媽可以溫和的和孩子說明，討論這部分是因為想要瞭解孩子的想法以及原因，才可以共同討論解決的辦法。當孩子放下對說謊的擔心時，比較能說出背後的擔心或是原因。我們可以理解孩子不喜歡被處罰或想要得到獎勵的心情，但同時爸媽也可以讓孩子學習到，有些時候學習去面對恐懼、去努力爭取喜歡的事物本身，就是充滿勇氣並且令人敬佩的一件事，而這日後也會是孩子重要的無形資產。

2. 對說謊採取的態度：你這麼做令我很傷心

我們希望孩子改掉說謊的習慣，是因為希望孩子能夠瞭解在某些情況下，說謊是一件有道德瑕疵的事情，也會破壞彼此的信任關係，同時也希望孩子學到對說謊的價值判斷。因此，爸媽可以從這個角度和孩子討論，他們說謊的行為讓你們傷心，以及說謊是如何破壞彼此之間互相信任的寶貴關係。

有些家長認為對孩子表露自己的傷心是一種情緒勒索，這是一個誤會，勒索的意圖是在謀利自己，而表露情緒的意圖是擔心孩子，這兩個的出發點完全不一樣。

當孩子知道說謊會帶來爸媽心理上的傷害時，孩子也會很難過，他會開始思考與判斷這個行為的後果。當多了這一層面的思考跟顧慮，就會成為孩子說謊時的剎車系統：為了避免自己的行為讓所愛的人難過，於是孩子選擇不做。

3. 處罰或不處罰？

處罰或不處罰，是一個很難回答的問題。不過從心理學的角度來看，處罰的目的是在讓孩子瞭解說謊是不對的行為，所以當孩子說謊時，他必須付出相對應的代價，這才是處罰的真正意義。因此當我們依照上述的流程處理完後，也可以採取包含扣點、隔離時間、減少特權活動或是週末禁足等處罰方式，就看孩子說謊的情節與嚴重性而定。我個人並不鼓勵體罰，通常爸媽一旦拿捏不好，不但很容易破壞親子關係，也讓孩子更善於用說謊的方式逃避責罰。

或者，我們也可以針對這個錯誤或行為，讓孩子覺得自己應該要接受什麼樣的處罰，以及這樣的處罰為什麼是有意義的，請他來說服我們。「讓孩子提出說明來說服我們」的重點，在於孩子要能夠透過他的表達與主張，讓我們接受他的理由是充分的、處罰是有意義的，這麼一來，無形中也等於讓孩子對自己未來的行為許下承諾，而不只是因為我們如此要求他。

親師交流板

通常孩子在學校說謊時，會有很多的跡象跟證據甚至人證可以佐證，因此處理上不至於是太大的問題，原則只有一個，釐清孩子說謊的原因並約法三章。

當證據不太充分，而孩子仍然否認時，我們可以坐在孩子的正對面，看著孩子的眼睛，請孩子看著自己，態度溫和但語氣嚴肅地和孩子說：「**你的**

意思是說你——（孩子說謊的內容），你現在看著我並且回答我，你確定你說的正確嗎？（你有多相信你說的話）」通常大部分的孩子會出現許多扭捏不安、眼神飄移或是緊張的反應，這時可以再詢問孩子：「**我再給你一次機會，把你知道的部分說清楚。**」

當孩子說完時，我們可以讓孩子理解說實話的確是很困難的事情，但我們很高興他這麼做，並且討論下一次類似的事情可以怎麼處理。

有些說謊成性的孩子，通常可能伴隨某些臨床上的診斷或是家庭因素，建議務必轉介輔導處協助。

1.

2. 處理說謊最重要的理由之一，在培養孩子勇於承擔的勇氣。

PART 2

暴衝搞破壞的孩子

100
70
60
50
40
30
20
10

Q 05 為什麼孩子升上中年級後，總是和同學吵架、發生口角？

小華今年四年級，爸媽平常管教嚴厲，只要小華表現不好被老師寫聯絡簿，回家鐵定要挨一頓罵，有時嚴重時連晚餐都沒得吃。

小華低年級時還算聽話，但升上中年級後，剛開始跟同學玩遊戲偶爾會發生小爭執，後來次數越來越多。這學期開始，小華在班上幾乎每天都會跟同學起衝突，導致他在班上很少朋友，常常十分鐘的下課就可以被同學一狀告到老師那：「老師，小華他剛剛朝我們丟鉛筆，他嫌我們吵就故意丟東西」、「他跟同學借筆，同學不想借他，他就罵人家三字經」、「我只是說小華今天考試考不好，他不開心就踢桌子丟椅子」。

老師找了小華瞭解情形，但他只是沉著臉不願意回話，問到最後老師也不免動了氣，但小華仍然沉默不吭聲，讓老師更加生氣，覺得孩子很故意，於是幾乎天天把小華的不良表現記在聯絡簿上。

生活應用解析

每次只要聽到小朋友跟別人吵架起衝突，都會觸動父母心中敏感的神經，腦海中馬上浮現各類社會新聞的斗大標題，聯絡簿越看越擔心，於是我們使盡力氣嚴厲處罰，擔心將來孩子走偏。

爸媽的擔心永遠是合理的，但是有一件事情我們應該要記住：衝突是結果。在衝突還沒爆發前，其實孩子已經有許多事情先發生了，而這些事情才是關鍵。像是發生了什麼事？（誤會、拒絕、挑釁或是霸凌）、孩子是什麼樣個性的人？孩子當天的狀態如何？（有可能孩子早上才被爸媽取消週末的電腦時間）、孩子跟對方的關係如何？（平時就互相看不順眼）、以前衝突的經驗（以前用過同樣的方法，每次都可以吸引同學的注意），以及家庭教養等等。因此，釐清衝突前的各種原因非常重要，這樣我們才可以權衡事件的嚴重性與責任的歸屬，並做出適當的回應。

中年級開始，孩子在學校的時間變多、班級秩序的要求提高、科目多課業重，人際關係也複雜許多。人際關係對孩子來說變得越來越重要，因此人際關係的品質也開始影響到孩子的心情。有些孩子的個性容易引發誤會，像是玩遊戲時太急所以破壞規則、沒注意而侵犯到同學、在課堂上直話直說，沒有注意到老師還在講課。一開始別人或許不在意，但長期下去，孩子很快就可以得到「白目王」的封號。當沒朋友願意跟他玩的時候，孩子不知道如何拉近人際關係，開始用漫罵、丟東西的方式引起同學的注意，同學越加排斥，孩子便越挫折，於是怒氣變本加厲成了言語攻擊。當老師來處理時，孩子知道一旦被寫聯絡簿，回家一定又是挨罵，因此寧可選擇沉默或避重就輕，也不坦承，於是師生之間的關係便日益惡化。

爸媽可以怎麼做

1. 衝突是絕佳的學習機會

在我的經驗中，大部分孩子是喜歡跟別人互動的。然而每個孩子建立人際關係的方法不同，有的孩子會先觀察再慢慢地融入，有的孩子不管三七二十一看到人就直接殺進去，有的孩子只是坐在那什麼都不做，人家自然就靠上來。無論如何，我們可以確定的是，只要孩子每一次人際衝突的細節有被公開討論的機會時，孩子就能在明理的討論中，學到大人所期待的技巧。

因此，以小華的例子來看衝突發生的過程：

❶ **衝突發生前**↓同學不讓我加入他們的遊戲

❷ **衝突中**↓我很生氣，我把立可白往他們的方向丟

❸ **衝突後**↓他們向老師告我的狀，我更討厭他們了

整個過程，都可以這樣跟孩子逐一的釐清（事件前、事件中以及事件後

的每一個步驟），每一個環節都可以討論怎麼做來達到孩子原本的目標（想跟同學玩）。在鼓勵的氛圍中，孩子知道大人的期待，也增加嘗試的動機。當孩子與同學的關係慢慢進步時，情緒也會跟著下降，在班上不當的行為也會降低。（這裡可以配合附錄一「情緒溫度計」使用。）

建議：和孩子討論人際衝突的過程，可以搭配圖畫或文字整理的方式（如左頁圖），把討論的內容做一個摘要或圖解，因為對孩子來說，視覺化的呈現比起只有語言的討論會更容易記住，加深印象，這樣才能達到討論的效果。

2. 衝突時的五字訣

有時候孩子跟別人衝突時，他沒有具體的策略告訴自己該怎麼辦，因此只能繼續待在衝突現場，然後兩個人越吵越兇，事情完全沒有解決。有時候來不及反應，事情就發生了。因此，若是孩子能有一套明確好記的指令依循，就能幫助他走出緊急的情緒狀態。就像是被火燙傷時，我們知道要馬上

衝突怎麼發生的？

❶ 衝突發生前

________（發生什麼事）

↓

❷ 衝突中

________（發生什麼事）

↓

❸ 衝突後

________（發生什麼事）

「沖脫泡蓋送」，衝突發生時同樣也要「衝、脫、泡、蓋、送」：

✓ **衝**：衝突發生、馬上警覺。（爸媽和孩子一起討論什麼是衝突）

✓ **脫**：脫離情境、避免惡化。（三十六計走為上策）

✓ **泡**：泡冷水、降溫法。（孩子要覺察自己的情緒，搭配情緒溫度計使用）

✓ **蓋**：蓋世武功此刻用。（情緒管理的錦囊妙計）

✓ **送**：送走壞形象、增加好人緣。（提醒孩子之所以要作情緒管理的目標，增加動機）

爸媽可以教孩子五字訣，並且在每一次的衝突中按照這五字訣來練習，也可以讓孩子作為監督自己執行狀況的檢核表。不過要記得，當你想要孩子熟悉五字訣時，要先從他的目標開始（人際關係、師生關係等等），告訴孩子五字訣可以幫助他達到目標，讓孩子對五字訣有好感也願意用。當孩子慢慢習慣熟記五字訣後，就會內化成他處理衝突時的直覺原則。

3. 體罰的效果是暫時的，付出的代價是長久的

我看過的大部分父母都希望自己孩子表現好，因此，每當孩子在學校或家中出現不好的行為時，父母心中有一部分的聲音會責怪自己沒有善盡管教。因此我們會生氣，不但對孩子也是對自己生氣；然後我們處罰孩子，有些家長深信體罰能夠減少不良行為的發生。

事實上，體罰或恐嚇能夠暫時減少不當行為的發生，但行為之所以減少，是因為孩子討厭或害怕被處罰，而不是覺得自己的行為不妥。就像有些人騎機車戴安全帽是因為不想被警察開罰單（處罰），而不是真的覺得安全，因此一旦警察不在，安全帽就成了裝飾。而且實施體罰的人（多半是父母或老師），往往也會面臨和孩子關係陷入僵局的代價（就像我們看到警察，下意識就想跑）。更值得注意的是，孩子同時也會從中學到，原來我們可以正當的用暴力與恐嚇，解決生活中的問題。

4. 孩子永遠都是用眼睛觀察、模仿，而不是用耳朵學習

管教並不只是處罰，也包含教育與學習的成分，但這往往是我們在教養時最容易忽略的部分。

我們不僅在規範孩子的行為，也要提供孩子學習、模仿的對象。不論是在人際、情緒或做事的態度上，孩子最好的學習人選就是家長自己。爸媽就是孩子天生的偶像，孩子模仿你說話、模仿你行動，也模仿你處理事情的方法。因此，面對孩子的不當行為，可能要先思考的是「我希望孩子長大後是什麼樣子」，從這個目標所需具備的能力開始，讓自己成為孩子的示範。

你希望孩子明理，你便需要給予孩子討論的空間；你希望孩子誠實，你便需要為自己的失信向孩子道歉。你希望孩子努力，那麼，你便要讓孩子看到你對生活也同樣投入。你不希望孩子在學校打人、出口成髒，那在家中就應該避免用這樣的方式互動。

千萬別忘了，孩子的眼睛長在耳朵前面，因此，對孩子來說，看到的畫面比聲音更具說服力。

親師交流板

要釐清孩子爭執的原因時，大部分孩子都可以直接說；而當孩子不說時，想必有他的擔心與困擾。此時若能先探討讓孩子擔心的主題，便有可能引導他說出自己的想法。我們可以說：**「老師想要幫助你，所以我必須瞭解發生了什麼事，但是我看到你現在閉著嘴巴，似乎有一些擔心，這時候要說這些對你似乎有些困難，何不試著讓老師知道，你在擔心什麼？」**當孩子願意說出自己的擔心，我們才能從此處著手，繼而回到原本爭執的事件上。

孩子在學校裡的衝突幾乎是家常便飯，因此除了個別式的介入與溝通，班級經營中的規範也很重要，比如當同學起爭執時，其他人該怎麼處理？怎麼保護自己？找誰來協助等，都是可以有效降低衝突變嚴重的方法。

回到小華，當孩子擔心寫家庭聯絡簿，回家要挨罵時。老師可以思考，你的目標是要放在和孩子日後能持續溝通的品質上，還是要用孩子害怕的方式處理他的不當行為。

1.

爭執總是一發不可收拾。

2.

學習不被你的生氣綁架，將是很重要的技能。

Q06 孩子生氣時老是暴力相向、破壞物品，罵也罵不聽，怎麼辦？

小嘉從三年級開始就是學校的「知名人物」，每次只要學務處廣播，幾乎都會聽到小嘉的名字，理由不外乎打架、攻擊、破壞等等，可說是實至名歸的「校園破壞王」。

這次開學才沒多久，小嘉的爸媽就因為他的暴力行為被請來學校，爸媽很無奈，因為這不是他們第一次為了小嘉來學校，更慘的是這也絕不會是最後一次。老師說小嘉只要跟人吵架，手打腳踹只是開胃菜，他的大絕招是十字鎖喉手，這招一出來，就一定要等到被老師或同學架開為止。

到了下學期，小嘉開始會在課堂上跟導師對嗆，或是當著老師的面顧左右而言他、對同學丟擲物品，就算老師每次私下和小嘉討論完會有一陣子的平靜期，但沒隔多久又故態復萌，而且小嘉每次都把責任都推給別人。

幾年來，學校開了一次又一次的會議，但小嘉的行為並沒有因此改善，惹得其他家長相當不滿，希望他可以轉班或是轉校。爸爸媽媽罵過、打過也威脅過，甚至連祖宗牌位都請了出來，仍然無計可施，只能相視無言。

生活應用解析

校園暴力幾乎無處不在，不限學校不限班級。然而究竟什麼是暴力行為呢？簡單來說，任何存心讓別人受傷（身體及語言的傷害）或破壞物品的行為，就是暴力行為。

孩子在學校打人或破壞物品時，爸媽知道後多半氣得要死，馬上開罵體罰禁足再扣錢，雖然我們都知道糾正孩子的偏差行為很重要，但釐清孩子的動機才能真正解決問題。同樣的行為，背後的意義可能完全不同，有的孩子因為一時氣不過而揍人；有的孩子只要一言不合就先打再說；有的則是被逼到無路可退時出手，有的則是樂此不疲。

在小嘉的案例中，爸媽對孩子相當重視，但是對教養的方式及目標卻缺乏共識。爸爸只在意成績不在意行為，而媽媽則是用盡方法處理行為。如果父母立場彼此不一致，像是小嘉爸爸對成績的要求，讓孩子學到只要功課好，其他都沒關係的觀念，而媽媽的規定，卻總是在大人不一致的態度中破功。

當暴力總是出現時，原因通常有幾點，可能在孩子身上同時發生：

❶ 情緒的問題：孩子的情緒總是和家庭連在一起，當家庭出現變動時，孩子的心情也會跟著起伏，如果長期處在這種躁動不安的狀態時，孩子出現攻擊行為的機率也就相對高了一些。有些孩子的狀態與家庭無關，但他的情緒調節力可能出了問題，導致情緒起伏過大、容易暴衝等等。

評估孩子情緒是否存在嚴重的困擾，方法就是看他情緒來的時候，強度有多大、會持續多久，情緒與事件的對應關係是否合理。一般來說，孩子的情緒往往在幾分鐘內便煙消雲散，強度也跟事件有相對應的關係，如果孩子表現出來的情緒持續很久（超過一堂課以上的時間）、強度過高（老師說一句話，孩子馬上暴跳如雷、怒不可遏），或與情境不一致（用很開心的口吻描述難過的事情），都值得家長進一步注意。

❷ **自尊的影響**：有些孩子的自尊很低，脆弱到無法容忍別人對自己任何形式的批評，然後又用過度膨脹自己的方式在班上逞兇鬥狠、和師長對立或是破壞物品。通常這類的孩子跟負面、否定、貶抑的家庭教育風格或是長期失功能的家庭結構有關。

❸ **獨特的個性**：有些孩子活動量大、自我控制力弱，焦點常放在自己身上，不在意別人的處境，也很難同理別人的心情。有的孩子則是對別人的行為或是言語，有一種負面的解讀風格，容易把別人無心的言語視為針對自己。

④**臨床上的問題**：少部分天性好動停不住或個性固執、情緒容易起伏的孩子，當有情緒或衝動時，若缺乏適當的協助，有時忍不住也會出手。通常這種困擾會跟著孩子好一段時間，就算接受藥物治療，衝動行為有時也不見得改善，但通常年紀越大，情況會有趨緩的情形，前提是爸媽必須提供必要的管教與協助。當孩子的暴力行為可能是因為以上原因時，建議與心理專業人員共同合作諮詢，讓專家協助。

爸媽可以怎麼做

1. 孩子如何被對待，他便如何對待別人

孩子對自己言行好壞的判斷依據，最先是來自家庭。家中大人的互動模式、行為反應，都會直接複製進孩子大腦的行為選單中。因此有些孩子的不當言行，往往就是家族圖騰的再現，透過複製持續在

下一代展現。

所以當孩子出現暴力行為時，首先必須要反省是否家中或其他地方提供了孩子學習暴力的管道。如果有，那麼應該是爸媽必須做出改變的時刻，如果源頭不改，我們很難期待孩子會有任何改變。

如果孩子的暴力行為不是從環境中學習來的，並且是偶發的事件時，通常父母嚴肅告誡並做出適當的處罰就可以改善。但是如果暴力事件持續不斷發生，家長就有必要瞭解孩子暴力行為背後的原因。

2. 當暴力是情緒的進行式時

用暴力解決問題，是人性，尤其是當問題來自情緒時更是如此。憤怒的情緒會癱瘓孩子不成熟的理智系統，增加攻擊的機會。儘管暴力沒有理由，但當情緒才是行為的主軸時，重點就要放在釐清孩子情緒的前因後果，以及表達情緒的方式。透過跟孩子的對話跟澄清，才能瞭解孩子行為背後的原因，而大人明確告知孩子行為的底線，以及和孩子演練如何適當表達情緒，才能減低暴力行為的出現，而當孩子踩過行為的紅線後，爸媽可以進行下列的處置。

針對暴力行為的介入建議

❶ **爸媽立場要一致：**處理和孩子有關的任何問題，爸媽的態度非常非常重要，模糊不清或是模稜兩可的態度，就是變相在鼓勵孩子鑽漏洞。爸媽必須對問題有共同的認知、堅定一致的立場，清楚告誡孩子行為的嚴重性以及爸媽的底線，這樣才能在面對孩子的暴力行為時，作適當的處置。

❷ **賞罰要分明：**爸媽共同制定清楚具體的行為標準，並依據孩子的喜惡，提供適當的獎勵或是處罰。

當孩子表現出符合要求的正確行為時，爸媽立即做出具體的讚美。如果口頭讚賞的效果有限，也可以提供積點換獎勵的方法，用良好行為累積點數，換取想要的親子同樂、上網、電動時間等等。集點數的方式對一到六年級的孩子都相當適用。

很多爸媽獎勵的方式是直接給錢，這是一個省時容易的方式，但並不是好方法。孩子胃口容易被養大，要求更多更昂貴的東西，同時也學到不合宜的金錢觀（甚至反過頭來威脅爸媽不給錢就不做事）。所以用點數的好處更多，不但可以省下一筆可觀的費用，也可以幫助孩子學習社會制度運作的模式（用勞動交換酬賞）。

當爸媽清楚和孩子說明過暴力行為的處罰方式（取消或限制孩子喜歡的活動、享有的特權、週末禁足不准出去和同學玩等等）後，就應該以「**立即處置為原則，以身作則為常態**」。某些孩子面臨處罰時，一開始可能會有很大的情緒反應甚至暴衝行為，但如果爸媽事先就已經和孩子說明過處罰的理由跟方式，而孩子也同意，那麼大人最好能夠堅持原本的處罰，並且等孩子冷靜時，請他告訴爸媽他被禁足的理由（反省的能力），並且請他做出下次會改進的承諾（自我監督與承諾）。

3 **後果要承擔：**當孩子的行為導致他人受傷或物品損壞時，處理過程中，爸媽都應該讓孩子在旁邊看著，讓孩子知道自己行為的後果。尤其當有人受傷，父母前往致歉時，也應該讓孩子在場，一起開口道歉，甚至寫下道歉信。如果孩子破壞物品，應該要從孩子的零用錢中定額定期扣除物品等價的金額。這些處置都在告訴孩子：**「你必須為自己行為所造成的後果付出代價。」**

親師交流板

老師通常習慣快速解決問題，然而暴力背後的成因複雜且多元，因此孩子攻擊的動機，是行為嚴重性的主要參考點之一。

學校內任何形式的暴力行為，都應該釐清原因，以及孩子動手的理由，並且將所有相關人員清查處置，如此不但可以樹立老師的威信，也能降低日後發生的機率。

針對孩子慣性的暴力或衝動行為，如果平常師生關係經營得還不錯，我們也可以幫助孩子分析他的行為可能帶來的後果（損失）。比如，因為這個暴力行為導致對方受傷，那孩子除了要被家人處罰導致原有的利益損失，也可能要付出很多額外的時間照顧對方在學校的行動，而損失了自己原有的下課娛樂時間甚至權利，這些都是孩子的選擇。當把這些行為導致的後果攤開在孩子面前時，也可能會讓孩子的行為稍稍拘謹而保守，延緩或降低暴力行為的出現。

特殊兒童的暴力行為，需要更長期的對策，這部分有賴老師、家長以及特教人員的共同合作，才能發揮功效。對於有些慣性暴力的孩子而言，家庭可能是暴力行為的最初發源地，仔細探究，這些孩子的家庭功能多半也存在某些障礙與困難，因此亟需要轉介二、三級輔導人員的處遇。

1.

處理暴力行為的重要原則是……

2.

家長態度一致，付出相對應的代價。

Q07 孩子上課時總愛吱吱喳喳說話、發出怪聲，甚至捉弄同學

「十二乘以七的直式怎麼寫？有沒有誰要上台試試看？」老師在台上問。

「老師！這題我會！選我選我！」小明高舉著手喊。

「好，小明你上來寫。」只見小明一邊歡呼一邊飛快的走到台上，賣力地揮動手中的粉筆，在老師的題目下方畫了一個大大的問號。

「你畫這個是什麼意思呢？」老師轉頭問小明

「就是……我也不知道的意思呀～」小明的回應讓全班都大笑了起來。

「安靜！安靜！」老師只好揮揮手，叫小明下去，告誡他以後不知道的話就讓會的同學試試看。

這是小明在班上常常讓老師感到困擾的問題，除了故意回答老師錯的問題外，他常常會在上課時和身邊的同學說話、發出怪聲，或是隨意站起來走動。整堂課除了上廁所不在教室的那幾分鐘外，他幾乎沒安分過幾秒鐘，讓講台上的老師感到很苦惱，每次老師都會當場勸戒，但不到幾分鐘，小明又開始把桌上的色紙摺成紙飛機，往後面的同學射過去。

老師私下把小明叫到旁邊說理，頭幾堂課他還能安靜一些，但是好景不常，不用多久便故態復萌，隨即又開始小明在課堂上的嘻笑人聲。

老師曾經擔心小明會不會是因為罹患了注意力不足及過動症[1]的原因，才造成活動力這麼旺盛，不過在父母帶到醫院評估後，也沒有明確的答案。

---

1 注意力不足／過動症：注意力不足過動症（Attention deficit hyperactivity disorder, ADHD）是一種出現在童年早期的神經生理疾病，主要的三種症狀包括：不專心、過動及衝動，不少症狀會持續到成年以後。透過藥物、行為矯正以及腦波回饋治療能夠有效改善孩子的症狀。

生活應用解析

當得知孩子很難認真安靜的上課，甚至還因為一些干擾行為而被老師寫聯絡簿時，父母大概都會先好好教訓一頓孩子再說。

然而，造成孩子干擾課堂的原因很多，從生理到心理都有可能。除了注意力不足與過動症以外，有些孩子注意力天生就比較容易飄移，難以專注；有些孩子可能活動力旺盛，叫他安靜坐著很痛苦；有些孩子不但注意力敏銳同時活動力也旺盛；有些孩子是因為太聰明，一聽就會，再聽就無聊，聽四十分鐘就抓狂；有些孩子則是理解力不好，老師說什麼都聽不懂，結果同樣也是無聊，只能找些事情來做。

另外有些孩子可能沒有上述問題，但他跟老師之間的關係卻有問題，所以故意要在課堂上來這麼幾回，試探老師的底線、意圖激怒老師，作為報復或宣洩情緒的手段。另外也有些孩子可能基於自己內在的需求，轉而透過這些方式引起大家的注意。

因此，首要之務，就是試著瞭解孩子在課堂上的狀態，有沒有可能是因為上述原因所引起的。

爸媽可以怎麼做

1. 找到集中注意力的方式

請各位讀者回想看看，上一次你參加過的一場枯燥冗長又不能中途離席的會議。在那次回憶中，當講師在台上講著一大堆索然無味的專有名詞時，你是怎麼度過那段時間的？很多人可能第一個反應是：「我不知道耶……因為，我睡著了……。」

如果把同樣的場景搬到學校裡，背景換成教室、台上的講者變成老師，而台下則是要我們的孩子連續四十分鐘把屁股牢牢的黏在椅子上，眼睛必須隨時注意黑板、耳朵聽著老師的講解，如果這時上課的內容或方式很枯燥乏味，對孩子簡直就是一種懲罰。

當老師的影像越來越模糊，或是明明看著老師在張嘴閉嘴的說話，腦袋卻越來越空白的時候，這代表注意力開始渙散了，這時動一動，可以幫助我們把注意力再拉回來。

每個孩子有他保持注意力的方法，有的孩子可能邊玩橡皮擦才能邊專心上課、有的孩子則需要透過走動或是大肢體的舒展，才能讓注意力更聚焦，這部分可以觀察孩子平常在家閱讀或寫作業的習慣，評估孩子專心的方法，再和孩子一起討論可以替代使用且干擾比較小的方式，並且讓老師瞭解。

2. 先把情緒走完，再來處理事情

讓孩子先把情緒走完，再來處理事情。

孩子沒有其他生理問題，但跟老師之間的關係有問題，因此孩子的干擾行為，本身就是一種蓄意的表現，孩子透過這種方式來表達心中的不滿，但往往也更加激化師生之間的對立與衝突，甚至也影響班級氛圍。

孩子的干擾原因大多是來自對老師不滿，理由琳瑯滿目，從老師上課的方式、計分標準、班級經營到師生互動，每一個都可能是孩子不滿的理由。有些孩子不喜歡老師用上台報告的方式，所以讓自己表現失常；有些孩子討厭老師使用的詞彙，感覺很傷人；有些孩子常常因為自己的過錯被記缺點，久了便對老師產生怨懟。

許多這類的孩子都有一個共通點，就是他們覺得老師都是針對自己，因此把對老師的不滿用行動表達出來，雖然他們可能早就忘記被針對的原因，往往都是因為自己先做了某些干擾的行為而開始的。

不諱言，許多師生間的衝突，常常是一個互相累積的過程，並非百分之百都是孩子的問題。因此，處理的關鍵也在於師生之間的關係。當面對孩子因為不滿、憤怒等情緒所造成的干擾時，通常我們會先聽聽孩子不滿的情緒是什麼、原因在哪裡，讓孩子把情緒先走完，再來討論他表達情緒的方式是否恰當，以及學著用其他的策略來處理課堂中不滿的情緒。

我們可以這麼問孩子：**「我聽老師說，你最近在＿＿＿＿課跟老師處得似乎不太愉快，我想聽你說說看，發生了什麼事情（讓孩子說出他的情緒、看**

法以及立場），我才知道可以怎麼幫你／我們也可以來討論怎麼處理？」

另外，讓孩子自己監測課堂上的心情及干擾次數，也是可以考慮的方法。

爸媽可以用孩子的課表當做心情溫度計及行為自我紀錄表，讓孩子在每一堂課記錄他的心情溫度（比如從零分到一百分，越高分代表心情越好）以及干擾次數，通常孩子願意記錄時，便會開始留意自己行為的頻率與心情，並逐漸試著降低干擾的行為。

3. 當孩子是故意針對特定同學時

有時候孩子可能與特定同學不和、衝突，因此會故意干擾別人，不讓別人上課。這種情況通常是一發不可收拾，往往搞到兩敗俱傷。因此家長盡可能與導師合作，釐清孩子與別人的誤會與關係，謀求改善外，也可以清楚點出孩子的動機以及不適當之處：**「當你在課堂上做出＿＿＿＿的事情時，你是不是想要讓某某同學也不能上課，你就可以＿＿＿＿（孩子的企圖）？」**當孩子的動機被猜測出來後，爸媽可以再加以引導：「我知道你與某某有過節，然而你的行為並不能真的解決問題，反而會為你帶來更多麻煩，像是（舉出孩子因此而受損的師生關係、人際形象、家中的處罰等等）這是你要的結果嗎？」往往這種行為會隨著孩子對後果的預測而逐漸減少，如果可以的話，我們在討論孩子的這些行為時，能夠搭配文字或圖像化的整理更好。

親師交流板

孩子的干擾行為，常會直接影響老師帶班的原則與規範，如果不予以處理，會讓其他孩子質疑老師的威信，並產生不公平的感覺。

一般來說，老師用更嚴厲高壓的方式，通常可以抑制孩子一段時間的行為，但孩子因此累積的不滿情緒很容易從其他管道宣洩或爆發，造成人際或課業的問題，而耗費老師更多的時間處理。

如果孩子與老師之間的關係和睦，而是孩子本身注意力或活動力過於旺盛的話，可以試試看和孩子玩一些課堂上的注意力遊戲，像是私底下和孩子約定，讓孩子擔任祕密觀察員，觀察老師上課時的某些行為，像是老師摸了幾次鼻子、耳朵、眼神看了孩子幾次等等，如果孩子能計算出正確的次數，答對就可以集點換獎勵。由於這個活動本身有相當的樂趣，因此孩子大多都會願意試試看，一旦孩子可以將注意力放在老師身上時，就可以有效降低干擾的行為了。

隨著孩子的專注越來越多，導師可以變化注意力的目標，從一開始的摸鼻子次數（**視覺單純**），到計算摸鼻子跟摸耳朵相減的次數（**視覺變化**），再到老師說某些習慣詞的次數（**聽覺單純**），再進階到摘要老師每次上課的三個重點（**聽覺統整**）。你會發現我們的目標從視覺轉移到聽覺，再轉移到上課的內容，而此時孩子就開始在聽老師上課了。

如果孩子跟老師之間有衝突，為了老師帶班的效益與孩子的權益著想，若能和孩子溝通化解衝突，將會是對彼此有利無害、創造雙贏的局面。

1.

孩子若造成課業干擾，通常也會影響師生、同儕間的關係。

2.

釐清原因、點出動機，協助孩子發展更適當的反應策略。

Q08 上課時孩子突然衝出教室不見人影，或不願進教室，怎麼辦？

四年級的阿志，是導師頭痛又擔心的人物。最主要的原因，是因為阿志上課時，常常會上演課堂失蹤記，往往一失蹤就是半堂到一堂課。

誇張的時候，可能是老師才剛寫個黑板，結果一轉頭阿志就瞬間消失了，連同學都不知道阿志什麼時候跑掉的，往往要搞到全校都跟著雞飛狗跳，各處室老師幫忙找才找得到人。而當老師們好不容易在校園某個偏僻的角落找到阿志時，無論怎麼好說歹說、威脅利誘、軟硬兼施，阿志就是不肯乖乖就範，跟導師回教室，一折騰下來常常就是一節課的時間，導師身心俱疲，阿志的問題依然無法改善。

老師試過很多方法，軟硬兼施，就是無一有效。導師和阿志的爸媽溝通、寫聯絡簿或利用下課時間找阿志懇談、計點換獎勵等等，阿志照樣跑出去，家長也很苦惱，罵了一遍又一遍，罵的不行改用利誘的方式，就是不見起色，結果到最後，老師上課時都必須隨時戰戰兢兢保持警覺，深怕一個不留神，阿志又不見了，如此一來，也影響了老師上課的品質。

生活應用解析

對大多數孩子來說，要在上課時當著老師的面跑出教室，這是很恐怖的，因為你不但要冒著違反校規、被老師責備、被同學指指點點、被家長處罰的風險，還可能會被喜歡的女生討厭。要不是有很大很大的勇氣，或是一時腦袋糊塗，一般人是不會輕舉妄動的。所以一旦發生了，通常就意味著孩子遇到了大問題，才會出現這種雖千萬人吾往也的行為。

為了查清楚事情怎麼發生的，通常我會非常仔細的檢查整件事情的來龍去脈，一個線索都不放過，包含：當時是什麼課，班上發生什麼事、同學做了什麼、孩子當下想到什麼、跑到哪裡、待了多久、情緒是什麼，以及學校及家長的處置方法等等。

因為我始終秉持一個原則：「別輕意評斷一個人的行為，在我們還不瞭解他這麼做的原因之前。」同樣一個行為，十個孩子可能會有十一種理由，因此，我總是一貫小心謹慎，務必盡量做到對整件事情有通盤的瞭解，才能制定比較妥善的計畫。畢竟我們面對的是人，而不是事情，這在心態跟層次上是不一樣的，前者是從孩子的角度出發，想的是怎麼協助孩子解決困難；後者是從自己的利益出發，想的是怎麼減少自己的麻煩。就成效來說，通常處理前者比較花費時間，但效果也最持久。

爸媽可以怎麼做

沒有傾聽，就沒有理解；沒有理解，也就沒有真相。當家長接到學校電話或是看到聯絡簿時，請先不用慌張，因為事情已經發生了，只要先確定孩子在校園內有老師陪著就好。更重要的是，我們必須協助老師一起弄清楚孩子跑出教室的原因，如果孩子在學校已經和老師討論過，我們也可以和孩子核對一次，確定訊息是一致的。如果孩子不願意跟老師說，這時家長就扮演著開啟對話的關鍵，家人往往是孩子最想傾訴的對象，我們應該避免自己成為拒絕孩子的那一方。

1. 和孩子站在同一陣線，用釐清代替責罰

一般來說，孩子知道自己闖下的大禍無法隱瞞，多半會據實以告，但在細節上可能會有所增減，也有的孩子怎麼問都給人避重就輕的感覺。因此，釐清狀況時，不妨把斥責的成分先拿掉，用關心的態度、聊天的方式，仔細搜集孩子在整件事件中的各種狀態，包含三大主題：**「當時發生了什麼事？」、「你想到了什麼？」、「當時的情緒是什麼？」**

當這三個資料都蒐集到後，我們才能瞭解問題的癥結點可能在哪，問題才有可能解決的機會。

❶ **當時發生什麼事？**有因才有果，所以要處理結果就要先找出原因。我們要先蒐集的資料，包含課堂上發生了什麼事情、當時老師正在做什麼、同學正在做什麼、誰可能說了什麼，或是誰可能做了什麼等等，這些訊息能讓我們先有一個初步的概念，接著才有辦法聚焦。

我曾經輔導過一個孩子，幾乎每天都要跑出教室一兩次，一次就花掉一堂課的時間，幾次歸納後發現，孩子跑出去的時間都是下午居多，而且很多是老師在抄寫聯絡簿的時候。如果遇到早上有體育課或是電腦課的天數，當天孩子跑出去的機率就會降低，於是我們開始有了初步的瞭解。

❷ **你想到了什麼？**想法加上情緒，往往是決定是否逃跑的關鍵。

像是前一個例子中，孩子之所以逃跑，是因為當孩子發現隔天有考試時，就會覺得壓縮到自己看電視的時間，一想到電視時間又要沒有了，人馬上就跑出教室去。在另一個案例中，孩子對英文老師的教學方式相當不滿，每次口氣不佳跟老師爭論而被記缺點時，孩子想到好不容易集的點數又要因此少了幾個，於是當場就跑得不見蹤影。

爸爸媽媽會發現，當事情發生時，孩子對事情會有一些初步立即的解讀或判斷，而這些判斷在情緒的催化下，導致最後跑出去的結果。

❸ 當時的情緒是什麼？孩子激動時，高漲的情緒會關閉理智的判斷系統，容易助長衝動行為的出現。孩子跑出去前，往往是生氣、憤怒、煩悶等負向為主的情緒，當我們詢問孩子情緒時，其實也是在幫孩子釐清自己當下的狀態。一旦孩子瞭解那個狀態叫做生氣，我們就能夠開始跟孩子討論除了跑出教室外，還有什麼方法可以處理情緒。

情緒處理的方式很多，每個孩子都會有他特殊好用的方法，因此討論時可以多討論幾個策略，讓孩子可以在緊急的狀況中有更多選擇。當方法奏效時，這種成功的經驗也會是以後孩子日後重要的無形資產。

除了討論情緒處理的方法以外，我們也可以和孩子討論他跑出去跟不跑出去的代價（成本），如後文的溝通案例。

2. 綜和整理

當爸媽搜集到事件、孩子的想法與行為等資料後，對於孩子的狀態就能比較完整地瞭解，也比較能夠知道問題出在哪個環節。如果孩子對事件的解讀不太合理、太過偏激，就可以和孩子討論他想法的特性，以及幫助孩子釐清不合理的地方。

情緒整理練習題

爸媽：「我發現一件事，似乎決定你跑出去教室的，是你的想法，你覺得是不是？」

孩子：「什麼意思？」

爸媽：「**（重新幫孩子整理事件、想法、情緒與行為的關係）**我發現當老師在黑板上寫下今天的作業時，當你發現功課太多（**事件**），你就告訴自己我一定寫不完（**想法**），於是你一悶就跑出去了（**情緒／行為**），對嗎？」

孩子：「對。」

爸媽：「所以聽起來，你跑出去的原因，是因為你擔心自己寫不完功課，而不是功課太多？」

孩子：「對。」

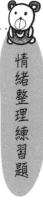

爸媽：「我們來看看你跑出去的代價是什麼，你在圖書館待兩小時，也就是你少了兩堂課的下課時間可以玩，並且你知道晚上回家會被禁止看電視三十分鐘，這樣對你來說划算嗎？（**和孩子討論行為的後果與代價，是否符合他的利益**）」

孩子：「不划算。」

爸媽：「在你跑出去之前，有沒有這樣想過呢？」

孩子：「沒有。」

爸媽：「那是否在下次跑出去前，你可以先仔細問問自己：擔心功課寫不完所以跑出去，是否划算呢？另外，我們也來一起想想看，有什麼方法可以讓我們處理你當時很悶的感覺（**情緒技巧**）。」

親師交流板

孩子跑出教室時，通常導師為了安全著想，總是必須陪在孩子身邊，因此無法照顧到班上的孩子。如果能跟輔導處或學務處合作，在孩子跑出去時請人陪同在側，等孩子情緒穩定下來回到班上時，再找時間私下釐清前面三個問題，瞭解孩子的行為因果關係，再做出適度的調整與協定。

有些孩子跑出去的原因不明，家長也束手無策時，可以先跟孩子約定：

❶ 若真的忍不住跑出去時，必須要到導師許可的地方（各處室）冷靜。

❷ 每次跑出去前，讓孩子選擇冷靜所需要的時間（老師可以限定選擇的範圍，如果孩子能夠在時間內回來）。

這就是孩子調節情緒的能力，我們可以肯定這個部分。如果孩子有困難，也可以事後討論對他有幫助的策略或方法。最後，當跑出教室是常態時，轉介輔導處協助會是更理想的方式。

1.

當孩子執意要離開教室時，什麼東西都擋不住他。

2.

透過理解與對話，我們才有機會更接近孩子一些。

PART 3

不說話的孩子

Q09 孩子上學時不願意離開爸媽，一分開就大哭大鬧

星期二早上輔導處的電話響起：「喂，您好，我是專任輔導老師孟老師。」電話那頭傳來一年三班吳老師的聲音：「孟老師嗎？早安，我是吳老師，是這樣子的，我們班的珍珍今天又不肯進教室了，她媽媽好不容易送她到教室坐下，但是媽媽一離開珍珍馬上又哭了……。」

「現在情形如何了呢？」孟老師腦海中浮現珍珍淚流滿面的模樣。

「現在她還是哭不停，我怎麼安撫都沒有用，反而有點干擾全班上課，所以想問問看孟老師是否可以幫忙安撫她一下？」吳老師口氣中帶點無奈。

「好的，剛好我這節沒有個案，這就過去。」掛上電話，孟老師快步走向一年三班，同時整理了腦海中的資料：珍珍是今年小一的新生，入學第一

天便在門口僵持了好久，最後是在媽媽半哄半強迫下才不情願進了教室，卻又不願意媽媽離開，否則便放聲大哭。一個多月來的觀察，珍珍往往要過了早自習甚至第一節課情況才會稍微好轉，但是媽媽也要上班，無法每次都如願陪在珍珍身邊，因此珍珍總是與媽媽在時間上拉扯，落得兩敗俱傷。

孟老師邊下樓梯邊回想，才剛到一樓，一陣陣淒厲的哭聲便從走廊盡頭傳來，隨著聲音越來越近，最後停在一年三班的門口。

「嗨，珍珍早安，我是孟老師，我看到你現在好像有點難過，我們去心樂園聊聊天好嗎？」珍珍聽到孟老師的聲音，滿臉是淚地點了點頭，起身牽著孟老師的手慢慢往晤談室走，仍然不時啜泣著。

「珍珍，孟老師剛剛看到你哭得好難過，有點擔心你，跟孟老師說說發生什麼事情了，好嗎？」珍珍哽咽：「嗚……我要媽媽，我不要媽媽離開……。」

「你很希望媽媽可以在你身邊陪著你，這會讓你比較安心一些對嗎？」孟老師說。珍珍看著地上，默默點了頭：「我想要媽媽，我怕媽媽上班會受傷，我不要跟媽媽分開……」珍珍憂傷地慢慢說出了她的想法。

生活應用解析

回想我們自己孩提時代都喜歡有家人的陪伴，不管是在家裡、拜訪親戚或是出去遊玩，有家人在一旁時，心中總是會安心不少。

在成長過程中，儘管對家人的擔心與掛念仍在，但我們慢慢學著和父母分離，邁向獨立。這不是一項簡單的任務，所幸大部分人能平順走過。

然而，當孩子這份對家人的擔心卻限制了他對環境的探索時，可能就是個值得重視的問題。如果孩子過分擔心父母的安危、害怕獨處的不安全、不想和家人分開，會藉故黏著媽媽或爸爸，甚至如果一分開就感到相當緊張、焦慮、無法止住的哭泣，同時持續好久都沒有改善時，這可能就是所謂的「分離焦慮」。根據許多國內外的調查指出，分離焦慮往往是孩子拒絕上學的主要原因之一（但不是唯一原因），因此不容小覷。

為什麼分離焦慮造成拒學呢？這通常是因為孩子焦慮的核心是擔心家人的安全，因此孩子不願意離開父母，擔心父母若不在自己的視線內會有危險，這個現象在孩子上小學後更容易被凸顯出來。所以大部分分離焦慮的孩子，比較多出現在七、八歲（小一、小二）的年紀。除了拒學外，分離焦慮若沒有經過專業的介入，孩子長大後也比較容易出現焦慮相關的困擾。

分離焦慮是可以療癒的，雖然沒有特定藥物可以使用，不過大部分研究指出，心理治療加上家長與導師的共同合作，成效往往令人滿意。

爸媽可以怎麼做

1. 知己知彼、百戰百勝

當我們不瞭解孩子遇到分離焦慮的困擾時，很容易把孩子的某些行為視為對父母的操控，這會讓我們生氣，因而責備孩子。但是如果我們對孩子的狀況比較瞭解，才能設定合理的期待與目標來幫助孩子。而當孩子因為焦慮出現不恰當的行為時，爸媽請記得保持冷靜，別讓自己的情緒加重孩子的負擔。你可以用引導的方式，帶著孩子把注意力放在他努力所帶來的進步上，任何一點點的進步都好，請帶著他去回想。

2. 任何小進步都值得鼓勵

任何心理困擾的治療，進展都是逐步而緩慢的，分離焦慮也不例外。但對孩子來說，任何一點小小的改變都值得被好好讚美跟鼓勵。你可以讓他知道，你以他的進步跟努力為榮，就算他沒有完全達到當初設定的目標也沒關係，因為我們要肯定的是他願意面對病症的那份勇氣。另外，爸媽也可以鼓勵孩子盡可能地嘗試、使用在治療中所學到的技巧，來處理治療過程中所產生的焦慮。

3. 增加孩子對爸媽的可預測度

孩子的分離焦慮通常是爸媽不在身邊時出現，因此只要增加孩子對我們的可預測度，就可以適當減少孩子的擔心。在家裡只要保持在孩子視線可以看到、耳朵可以聽到的範圍即可，並且跟孩子約定，只要覺得不舒服時隨時

可以回來，或是叫喚爸媽，而這時我們會立即出現。（若遇到類似問題的孩子也適用）

4. 逐步熟悉、預作練習、善用同學

分離焦慮的處理原則是：逐步增加、由簡到難、預作準備、鼓勵肯定。譬如孩子對進入學校感到焦慮，我們可以增加孩子對學校的熟悉感，以及增加他獨自待在學校的時間，這兩個原則來幫助他。

首先，增加孩子對學校的熟悉感，爸媽可以利用週末、放學時間帶著孩子去學校散步運動，甚至可以預先藏一個小道具在學校裡，提供簡單的提示讓孩子進行尋寶遊戲。在找尋的過程中，學校就變成了一個有趣的場所、開心的體驗。再來，家長也可以在上課日慢慢減少待在孩子視線內的時間，像是從陪同進班到早自習結束；一段時間後改成陪同進學校但不進班，而是待在走廊外、再改成到警衛室等等，孩子透過這種分階段的方式，能讓心裡有一個緩衝期處理分離焦慮，同時也會慢慢增加與家人分離時的耐受力。

如果孩子在家中也有同樣的分離焦慮時，我們可以利用類似原理幫助孩子，比如先練習待在房間裡但開著門，在房間裡關上門；到樓下信箱拿報紙，慢慢練習到獨自去巷口幫忙拿預定的早餐等。增加孩子的獨處時間，也可以搭配獎勵制度的進行，讓孩子能夠因為他的努力而得到適當的回饋。

除了上述方法，如果住家附近有其他同班同學或同校朋友，也可以請對方一起幫忙，在早上上學時可以陪同孩子一起上學，這也能減輕孩子分離的焦慮感，並且增加離開家人的機會。

5. 分離是人生必然的功課

分離是人生很重要的一項功課，我們不斷在每一段關係裡，面對各種形式的分離、學習自己獨自存在的事實。所以協助孩子處理分離焦慮，其實也是在幫助他面對日後生命當中的分離。

我們可以給予孩子保證：保證環境的安全、保證家人的安全，提供我們離開後的資訊、連絡方式，以及保證我們會在固定的時間出現……，這都是增加孩子面對不確定時的控制感，這種控制感對於心情的平復是相當重要的。然而在給予這些保證後，我們也應該堅定的離開，冷處理（非責備或是處罰）孩子的不情願，別在走與留之間猶豫拉扯，引發孩子的情緒波動。

一個小技巧提供給爸媽參考：提供孩子保證後，你可以拿一個可以代表你的小東西請他保管，像是你的鑰匙圈、配件、帽子或是平常和孩子一起玩的小玩具等等，這些能夠象徵爸媽陪在身邊的東西，會為孩子帶來心理上的慰藉與安穩。

親師交流板

分離焦慮的孩子，通常承受很大的焦慮與擔心，因此學校在處理時，來自父母親的保證以及安心的環境，將會是讓孩子穩定的重要關鍵。

在學校裡我們可以跟孩子討論有什麼環境會讓他感到安心，當孩子不舒服或是干擾班級時，可以允許他短暫地在安心環境中暫待一下。而如果有其他能夠增加孩子控制感的物品或方式，比如允許他在能力內完成某些條件下，能夠打一通電話和家人連絡，或是攜帶爸媽的連絡方式、安心的象徵性物品等等，我們也都可以嘗試。

孩子分離焦慮的改善，有賴於老師、家長及專業的三方介入與合作，我們只要耐心地給予孩子努力的空間及時間即可。

1.

王媽媽每次來學校，背後都會傳來孩子陣陣的啜泣聲，不絕於耳。

2.

因為小惠總是不願意跟媽媽分開。

Q 10 孩子太害羞，在學校不敢上台講話，家裡一有客人就躲進房間

「叮咚～叮咚～」家中門鈴一響起，原本在客廳看電視的小虎就好像聽到空襲警報一樣，二話不說一溜煙地跑進房間關上門。

「小虎，去幫媽媽開門。」小虎的房門依舊緊閉，沒有任何動靜。王太太只好放下手邊工作，自己去開了門。

「小虎，跟阿姨說早安。」

「我不要。」小虎一溜煙地躲到媽媽背後。

「這樣很沒禮貌喔，快點出來，阿姨來家裡做客，你是主人要有禮貌，快點！不然阿姨會笑你膽小喲。」

「我不要。」任憑媽媽好說歹說，小虎的臉始終埋在媽媽身後，好像抹

了強力膠一樣甩不開。「真是拿你沒辦法耶！」媽媽無奈的對著客人苦笑了一聲，忍不住抱怨起來，「他老是這個樣子，不知道在害羞什麼，每次不管誰來家裡他都這樣。在學校也是，老師說他在班上特別害羞，問他話都支支吾吾的說不出所以然，下課同學找他玩也不作聲，大家同班都半年了，現在才敢跟別人說話，要是上台整個人就好像被電到一樣，完全可以僵在台上到老師受不了下台為止，真的不知道在怕什麼……。」

「哎唷，小朋友就是這樣啦，就是比較害羞，長大就好了啦！」阿姨試圖說些什麼安慰媽媽。

「我看別的小孩也沒這樣呀，他從小就這樣，好險他功課還不錯，不然我要擔心的事情就更多了。」

生活應用解析

細心的爸媽會發現，每一個孩子天生個性都不一樣。孩子天生的個性，心理學家稱作「特質」，這是心理學上的專有名詞，指的是嬰兒在出生時，先天具備的一種行為以及情緒的反應型態，也就是小嬰兒對於外在環境（情境、人、事），在生理、情緒、活動力以及注意力等存在一組反應傾向。這種天生的特質是以遺傳為基礎的，因此，每個人的特質都不一樣，而這些特質會隨著時間、個人的經驗、其他生理狀態等影響，逐步發展成為我們現在人格的一部分。

所以你會發現有的孩子從小就落落大方，不管遇到誰，只要對方有嘴巴會說話，不用多久幾乎就可以打成一片；有的孩子生性害羞，遇到陌生人或是到了一個以前沒去過的地方時，需要比較多的時間適應。而大部分的孩子在成長過程中，多少都經歷過一段遇到陌生人會害羞的階段，不過不用多久，這種害羞的情況會慢慢改善，但是有些孩子直到長大後仍然是個相當害羞的大人。

不管是害羞還是落落大方，都是一種天生的人格特質，有的人程度比較高，有的人程度比較低，因此造就了社會多樣化的面貌。只是，當我們在看待孩子的特質時，爸媽請千萬不要輕易的掉進「好」或「壞」的評價陷阱裡，特質是自然的存在，就像黑色與白色都是顏色，無所謂好壞。我們可以幫孩子創造人際互動的機會，但並不因此批評孩子羞於與人互動的表現。在協助孩子的過程中，我們要隨時提醒自己，人際互動的品質才是關係的核心，「重質而非重量」。

爸媽可以怎麼做

1. 鼓勵代替責備

害羞的孩子也有他的人際魅力。大部分時候，孩子也想要跟別人互動、交朋友，只是他需要比較多的時間來醞釀，因此我們只需要事先協助他做好心理準備即可。

比如要去親戚家拜訪、去朋友家聚餐，或是任何聚會要帶孩子同行時，我們可以預先告知時間地點與聚會有哪些人，甚至可以讓孩子準備一些可以

「暖身」的人際道具，像是玩具、圖畫、話題等等，只要一點點時間的準備跟醞釀，大部分的孩子都會玩得不亦樂乎。當孩子拒絕與其他孩子或是大人互動時，我們也只需要規範他活動的地點就好，剩下就讓他慢慢在旁邊觀察，慢慢地融入。

提供孩子醞釀跟準備的空間與時間是非常重要的關鍵，很多孩子注意到環境安全之後，就會用他自己的方式慢慢融入到環境中，因此這種準備對孩子來說是很重要的心理儀式。而且你會發現，通常你越忽略他的這些害羞或扭捏，不刻意放大孩子的狀態，他就越能自在地融入。

你的理解對孩子來說是很重要的，因為不少害羞或比較敏感的孩子，很容易因為這種與他人格格不入的落差而懷疑自己、貶低自己或失去自信，如果家人知道也接納這是孩子的天性，並且視之為正常狀態，這對孩子來說會是非常重要的支持。

2. 創造社交機會

做父母親的，難免都會在意孩子的學業成績，而這會在無形中把焦點放在孩子的課業表現上，忽略了孩子在學校課業以外的生活，也因此害羞比較不會被當作問題，有些父母甚至會覺得孩子害羞是好事情，因為他會把時間花在課業上。

這類的家庭氛圍會將許多時間放在複習作業、填寫練習卷、學習才藝上，往往不小心就犧牲了孩子人際交流的時間，而失去了培養人際關係，或是在社交場合磨練的機會，這是相當可惜的事情。

所以要增加孩子的人際互動機會，爸媽有很多作法，像是利用週末多鼓勵孩子去戶外和鄰居的孩子同玩、鼓勵孩子參加學校的課後社團，或是開放孩子邀請其他朋友來家裡做客、去別人家裡玩、讓孩子規劃家裡的活動等等，這都是培養孩子人際力的好機會，因為在這個過程中孩子會遇到許多人際方面的議題，像是與同儕的衝突、共享的興趣、活動的類型、喜歡互動的對象等等，爸媽可以藉此觀察或瞭解孩子們互動的方式，如何處理衝突等。

3. 調整教養態度

許多親職教養的研究發現，如果父母親其中任何一位，常常用**拒絕**（否定孩子的任何心理或物質的需求）、**高度控制**（對於孩子的任何行為、狀態都嚴密的指導）、**批判**（否定孩子的表現）或**過度保護**（不讓孩子有任何自己嘗試或挑戰的機會）等方式教養孩子，孩子會因為無法與主要照顧者發展出品質良好的親職關係，而出現心理健康的問題，這會讓孩子在成長的過程中，處在高風險的不健康狀態。研究證實，親職關係不好的孩子在面對壓力時，往往缺乏能夠讓他們冷靜並且舒緩情緒的彈性與能力。

因此，比較理想的方式，是父母能夠在嚴明一致的態度中，帶著開放而彈性的空間，讓孩子能夠學得規範，也樂於和爸媽分享他們自己的想法、心情等總總，這樣的親子關係及品質，將會深刻反應在孩子日後的人際關係裡。

親師交流板

教學多年的老師應該大致上都會同意，比起外向活潑好動的孩子，害羞的孩子在班上總是不太容易被注意到，因為他們大多時候，就只是默默地坐在那裡，不出聲，不鬧事，也不會成為焦點。也因此對每天要處理班上大大小小一堆麻煩事的老師來說，害羞的孩子某方面真是班上穩定的力量。但是，這並不意味我們不能提供孩子面對大眾的嘗試，當孩子能夠試著上台時，這就值得鼓勵。

畢竟將來的社會不管工作形態為何，每個人都有可能需要上台展現自我、表達意見，這種能力的培養是需要持續累積與學習的。

1.

這樣的對話總是不斷地如鬼打牆般輪迴。

2.

大多數孩子都會經歷害羞階段，他只是需要較多時間暖身、多一些鼓勵、少一些責備，孩子也能輕鬆和大家打成一片。

Q11 孩子一進學校、安親班就完全不說話，一回家又很多話——選擇性緘默症

「你在學校怎麼都不說話？老師說你上課的時候都不回話，都三年級了你還不說話，這樣以後五六年級你要怎麼辦呀？總不能一輩子都不說話吧？」媽媽一邊看著小瑛聯絡簿上的導師評語，一邊霹靂啪拉唸著。

「我也不知道，但是我就是不敢跟老師說話呀！」小瑛邊看電視邊說。

「你這樣不行啦，在家裡話這麼多，到學校安靜的跟什麼一樣，到底有什麼好怕的呀？」媽媽沒好氣地說。

「我就真的不知道嘛，我真的很怕呀！」小瑛無辜的回答。

「你直接說不就好了，跟在家裡不是一樣？」媽媽的語氣轉為嚴厲。

小瑛今年三年級，一年級時，老師覺得她是一個相當安靜的孩子，因此

沒有特別注意她的狀況，但是沒多久後，老師就發現小瑛的安靜和別人不太一樣。她不但上課很怕回答老師的提問，就連下課時也從沒看到她跟同學聊天嬉鬧，這在同年齡的孩子中很少見，沒多久，學校幾位科任老師也向導師反應他們觀察到同樣的現象。起初老師以為可能是孩子剛入學，還不熟悉學校環境的關係，但過了兩三個月，小瑛仍然如此，就算老師私下找她問話也得不到回應，因此只好和爸媽反應，希望可以確認孩子的狀況。

一開始，爸媽認為孩子只是比較容易害羞，過一陣子就好了，沒想一眨眼到了三年級，情況仍然沒有改善，甚至有越來越嚴重的趨勢，於是老師強烈建議爸媽要正視這個問題。

生活應用題解析

害羞是很正常的反應，不管是你、我還是大部分的孩子，都曾經歷過害羞的階段，然而隨著對環境越熟悉、與人互動增加，這種害羞會逐漸降低，孩子大概不需要幾分鐘就可以和其他人打成一片。

如果是在特定環境中不說話、害怕說話的孩子，就可能是「選擇性緘默症」。一般人聽到這個名詞時，腦海中不免會想：「不過就是比較害羞而已，有這麼嚴重嗎？」其實「選擇性緘默症」是一種精神科的正式診斷，嚴重時真的需要醫師或是專業人員的協助。

這類孩子說話的能力沒有問題，但是一些特定的生理及心理因素，導致他們在某些特定場合中，無法和別人正常的交談互動。

少部分選擇性緘默的孩子在幼年時可能會有以下的特質：進入新環境或是面對陌生人時，容易出現大哭大鬧、行為退縮、閃躲畏避，或是一直躲在父母親旁邊等的行為。這種在孩童身上出現對於新環境的退縮行為，屬於一種天生的特質，叫作行為抑制（behavioral inhibition）。近二十年來，心理學家發現具備這種特質的小朋友就如同前面所敘述的，當他（她）們在面對陌生情境時，往往容易表現出退縮、害怕、害羞等行為。

根據幾份國外嚴謹的長期追蹤研究指出，行為抑制的幼童，日後出現社交焦慮或其他身心科困擾的風險也會增加許多。當孩子遇到選擇性緘默的問題，並且影響他在學校的表現（課業表現、人際互動、活動參與）時，建議父母應該要陪同孩子諮詢身心科醫師的意見，並且在生活作息、教養方式與互動上做一些適當的調整，這對孩子的困擾會有幫助。

爸媽可以怎麼做

1. 避免將錯歸咎於孩子

對「選擇性緘默症」的孩子來說，這是很多原因所導致的結果，絕對不是孩子故意的選擇，因為孩子本身也感到相當痛苦，也想要克服這個問題，也想跟某些人放鬆的聊天，只是他找不到方法。

不過當我們期待孩子改變時，容易因為膠著的情況而受挫，並生氣而責怪孩子，這對任何人來說總是難免的，只是當我們對孩子生氣時，別忘記他可能也對自己無法克服的困境感到難過，家長一味的把改善的壓力與期待強加在孩子身上，結果則是兩敗俱傷。

因此，我們可以試著跟孩子討論他所遇到的問題是什麼？他是不是在擔心什麼？或是有什麼特定的原因讓他不敢在某些場合中說話。同時如果我們可以讓老師知道孩子的實際困擾、在家中的狀況及想法、擔心害怕，並且鼓勵孩子與學校的輔導老師或是專業駐校人員合作，情況將會逐步改善。

2. 成為孩子與學校的橋梁

當孩子無法面對面與老師或同學交談時，家長可以成為孩子與學校之間的橋梁。我們的目的是製造交流的空間，不因沉默而流失互動的機會。爸媽可以協助孩子用語言以外的素材進行對話，像是字卡、手勢、圖像、手寫等，鼓勵孩子用這些媒介作為暫時替代口語的方法，讓孩子逐步用他稍感自在的方式與人互動。

3. 醫療資源聯結

如果爸媽及學校輔導老師已經試過許多方法，但是孩子仍然無法在公開場合說話或是沒有任何改善，建議帶孩子到醫院的身心科或兒童心智就醫，這裡的專科醫師都能提供一些專業建議，並且協助轉介心理師協助。我們要瞭解，孩子沉默的時間越久，問題便會越明顯、影響範圍越大，所需要心理協助的急迫性就越高，而花費的治療時間也就越長，因此越早介入越好。通常轉介到醫院後，心理師會幫助孩子澄清不說話的原因、對說話的擔心，並且陪孩子逐步挑戰心中的恐懼，克服對說話的害怕。

而家長也可以和心理師討論孩子在學校應該的處遇方法，並且和導師、輔導老師保持聯繫與溝通。

4. 照顧好自己

協助孩子的過程中，父母也會有備感挫折、難過或是生氣的時候，當覺得自己很難面對情緒時，請適時的請另一半接手，讓自己可以稍稍喘息，出去走走、深呼吸或是喝個飲料、看個輕鬆的影片或上網，都能讓自己從壓力中得到鬆弛。

親師交流板

通常在班上沉默的孩子，往往會擔心自己在他人面前的表現，因此焦慮的情緒是這類孩子的核心困擾。而擔心在他人面前表現不佳，則是阻礙孩子開口的關鍵。老師除了和家長確認孩子在家中與學校的狀況外，也可以安排班上一到兩位個性溫和好相處的同學，在生活中提供孩子一些活動或課堂上的協助。陪孩子遊戲、上台，並藉此觀察孩子與同學的互動，同時也讓班上其他孩子瞭解狀況，這樣能夠減少不必要的誤會與傷害。

我們的原則是鼓勵並創造孩子與同儕及師長互動的機會，但不強勢的逼迫。因此只要有能夠溝通的方式，都值得肯定，讓孩子循序漸進克服他的障礙。比如從使用肢體語言、用文字小卡、用不出聲的嘴形，再到簡單的單音，這都是進步的跡象。而遇到需要上台發表或是表演的課堂時，也可以和老師討論是否可能採取折衷的暫時辦法，比如由同學陪同一起或是用其他方式代替，甚至也可以鼓勵孩子在家中預先錄製課堂活動或發表的內容（必須先和爸媽取得共識，請爸媽在家中幫忙提問與錄影），然後做一些簡單的後製，在課堂上播放，並且引導班上同學肯定孩子的表現與嘗試。通常對於害怕自己在別人面前表現的孩子來說，班上同學的肯定與接納，也會增加他願意開口的機會。

如果孩子是在家中可以說話，但是在學校完全不說話的情況，並且老師觀察到孩子在面對表現或說話的場合總是很焦慮的話，仍然應該諮詢身心科醫師的建議為佳。

1.

對於選擇性緘默的孩子來說，
表面上看起來自己在對別人說話……

2.

內心的感受卻好像每一個人都在檢視、批判他。

PART 4

孤立的孩子

Q12 當孩子的人際關係遇到麻煩時，父母應不應該「大驚小怪」？

家長會現場，小武的爸媽正專心聽著導師講解本學期的教學計畫，而當私下聊到孩子在班上的近況時，導師不經意皺了皺眉，小武媽媽覺察有異，進一步詢問孩子的表現。

「是這樣子的，我最近發現小武在班上跟同學相處似乎有些狀況……」導師看了爸媽的表情後繼續說，「他下課常常一個人坐在位子上，不太跟別人互動，我問過他的狀況，也請幾個小朋友去邀請他，但小武似乎興趣缺缺，也不太搭理同學……」

爸爸媽媽回到家後找了小武來問話。

「沒有呀，就不太想跟他們玩。」小武冷淡的回應反而讓爸媽更擔心，忍不住追問，不知道是因為被逼急了，還是想到什麼，小武開始霹靂趴拉地說了起來：「我也不知道為什麼呀，我覺得七號跟十二號這陣子很故意，他們兩個都故意念錯我的名字，還幫我取綽號，我說不要再這個樣子他們也不聽，弄得我很煩，七號還說如果我跑去跟老師告狀就不理我，所以我就不想跟他們玩了……」

不等小武說完，爸爸不耐煩的揮揮手：「好啦好啦，我還以為發生什麼大事了，不過就這點小事情而已。這種事情你不要理他們就好啦，不要想就沒事啦，老師也太大驚小怪了，趕快去寫功課！」

小武張著口似乎還想說些什麼，但爸爸已經打開了電視。

生活應用解析

在我們討論之前，想先問問看各位讀者，你看過北極熊嗎？

請各位爸爸媽媽仔細看一下照片中的北極熊；全身毛茸茸、圓滾滾的身軀以及雪白的臉蛋，匍匐在冰層上，靠著獵食魚類而生，是不是很可愛呢？

相信大家此刻腦海中都有一幅關於北極熊鮮明的畫面。接著，請大家在接下來的一分鐘內試著做一件事：

【不要想北極熊。】

沒錯，不要想北極熊，不管你想什麼，就是絕對不要去想北極熊。千萬不要想北極熊，請自行計時一分鐘。開始。

在這一分鐘內，你有沒有辦法完全不去想到北極熊呢？

如果很難做到的話，不妨想想看，當小武的爸爸對他說：「你不要想太多啦，不要想就沒事了。」時，孩子的問題真的能夠因此解決或消失嗎？如果答案是否定的，或許我們該試著坐下來聽聽看孩子究竟想說什麼？

畢竟，讓孩子有情緒或困擾的事件背後，往往也藏著他在意的需求或主題。

而人際關係，恰好就是孩子們天生的需求與必修的功課，同時也是一種相當重要的社會能力。可別小看這種孩童之間的人際互動，這種社交能力的培養與訓練是相當隱微的，而磨練與經驗之所以重要，是因為孩子能在人際關係中藉由探索自己的興趣、瞭解自己的人際優勢、學習如何與同伴溝通表達，以及處理人際衝突中的挫折情緒，因而形成一個完整的自我概念。

孩子還小的時候，人際間的問題相對單純，所以可能較難看出缺乏人際技巧的影響。一旦進入高年級、國高中、大學甚至出社會後，這種人際社交的能力，便會開始成為影響就業表現、生活適應以及自我感覺的重要因素。

在我的經驗中，許多來接受心理治療的人，多少都存在人際關係上的問題，有些甚至是因為人際關係所直接引發的困擾。

爸媽可以這樣做

1. 把孩子的問題當成申論題，而不是簡化成單選題

我們通常傾向把孩子的問題單一化，然後去找方法解決，這樣的作法在大部分情況下不但適用也容易聚焦，然而當孩子的困擾是來自於人際關係時，我們就很難只用單一觀點來看事情，因為只要牽涉到跟人有關的問題，往往都是許多原因交互影響所導致的結果。

所以在面對孩子的人際問題時，我們要請孩子幫助我們瞭解：事情是怎麼發生的、是單一事件還是長期事件、有誰牽涉在內、孩子是怎麼思考這件事、他怎麼回應這件事情、他在意的點是什麼、對別人來說同樣的點會是問題嗎？

當我們越能靜下心來聽孩子說，得到的訊息越多，就越能瞭解事情的原

委、孩子的觀點、困擾的原因與心中的期望。另一方面你的行為也正在對孩子傳遞出一個很重要的訊息：我想瞭解你。

有些時候，你不見得要給孩子什麼具體的建議，但是你可以關心他的挫折、肯定他做的某些努力、表達你對他某些觀點的擔心、一起大罵某些討厭的對象等等。你陪伴他的身影將會深深烙印在他的腦海，成為他日後與人互動的情感基礎。

孩子透過你瞭解到一件事：人際關係是一種融合了用心的陪伴、在乎的傾聽、關心的話語及完全的包容，進而發酵出的美好過程。孩子因為被你同理，他開始能夠同理別人，而這恰好就是人際關係的核心。

2. 協助孩子看到癥結

在陪伴孩子討論人際問題的過程中，我們同時也會看到孩子怎麼處理問題，以及他對事情的看法、價值觀。這之中可能有些立場與爸媽不一樣，甚至違背某些規範或禮儀；比如有的孩子會覺得每個人應該都要聽自己的話，不聽話的就不是朋友；有的孩子則會覺得其他孩子如果不主動和自己玩，那就要孤立對方等等。這些稍微偏頗或極端的觀點或行為，也是我們會擔心並希望孩子調整的地方。

因此爸媽可以試著從你的觀點和孩子分享當你被他這樣對待時，你的感受會是什麼，你喜不喜歡他這麼對待你，這麼做是否可以真正達到孩子想要的目標（交朋友）。

你可以說：**「我知道被忽略讓你很生氣，所以你會想要報復（同理孩子的狀態），但是如果你對我這麼做，我也會覺得不舒服，並且會覺得你這個人真不好相處（帶孩子轉換角度審視自己的行為），你覺得這樣對你交朋友有幫助嗎？（請孩子評估行為的結果是否如其所願）」**。

大部分孩子如果知道自己的行為會造成對方難受或痛苦，而且無助於人際關係的品質時，他對自己的行為就會多一份反省的能力。

3. 瞭解孩子的人格特質

每個孩子天性不同，展現在人際關係上的主旋律就不同，有的孩子熱情如火、有的孩子冷若冰霜、有的孩子如沐春風，也有的孩子老是無關痛癢。父母通常是最瞭解自己孩子人格特質的人，也是最能夠針對孩子的特性提供支持與建議的人。我們的原則不是要求孩子改變他的本性去配合別人，而是希望他能夠依照自己的特質發展出適當的人際模式就好。

比如，待人熱情如火的孩子，他的優點可能是常常主動提供他人支持或協助，但因為太過主動而讓別人有被侵犯的感覺。因此爸媽可以建議孩子，在每次行動前應該要向對方提出適當的詢問或邀請。

4. 人際關係會影響孩子的未來嗎？

很多家長會認為，人際關係對一個人的未來（職涯）影響很大，所以人際關係的好壞很重要的，我也認同這樣的看法，同時我相信人際關係的品質也是一個人內在人格的外在擴散結果，也就是說一個人的人格，很大程度決定了他的人際連結內涵與品質，所以「物以類聚」，大概是這樣的道理。你的人格是什麼樣的，常常身邊就聚集了一群差不多風格或內涵的人，因此我們希望培養孩子什麼樣的人格態度，這應該是人際關係的本質。

從這個角度來說，人際關係就有一個思考的優先順序，先是人格優先，態度次之，而社交技巧基本上就是在家裡學習父母親溝通的樣貌，以及孩子進入學校後會有不斷地「社會調整（環境會依據孩子的人際技巧給出不同的回饋，讓孩子持續調整到環境接受）」。

有關人生職涯的發展，或際遇與機會這件事情，其實某個程度上就是在講「弱連結」的概念。「弱連結」這個概念是史丹佛大學的社會學家馬克（Mark Granovetter）教授提出來的，他認為在很多領域中，相較於有強連結關係的人，找工作時，彼此之間沒有什麼直接關係的人，有時候是更好的資源。

背後的原因可能是因為這些弱連結的人，和我們所處的圈子不同，反而有更多機會跟管道拿到我們得不到的資訊。簡單來說，就是你阿嬤的三叔公的小舅子，在你找工作的時候能帶來的幫助可能比你媽還大。或許這是許多父母認為交友廣闊很重要的原因。

不過，弱連結背後主要的兩大核心：一個是信用，另一個是資源的流通。人本身是一個容易對他人產生信任的物種，弱連結過去是發生在任何形式的親屬關係中，未來大部分則很可能會發生在網路上，也就是他人透過網路平台認識你、在網路上知道你這個人、在網路上你的發言跟評論中理解你的個性跟立場、在你的分享中擷取到你的專業跟能耐，同時也在網路上進行互動。網路與個人的高度黏濁本身，幾乎（貌似）是一個人的人格呈現，這將是新型態的弱連結形式。

因此，培養孩子的健全人格，遠比他是否有很多的朋友來得更重要。

親師交流板

孩子的人際關係是一個動態開放的形塑與修練過程，每個孩子都會在關係中展現自己、看到自己並且學習關照他人，而孩子人際仿效的對象，除了家長以外，在學校就是導師。資深的老師們多少都有種體悟，一個班級的風格常常跟導師的特質有某種關聯，這意味著導師的人格特質、行為舉止以及在孩子人際衝突中憑恃的觀點與立場，無一不是學生直接而重要的仿效來源。

當我們希望孩子能有良好的人際互動時，提供正確的示範與健康的觀念便是我們的責任。

1.

人際 18 銅人陣

每一次的互動經驗，無論正面負面，都是人際力的修鍊。

2.

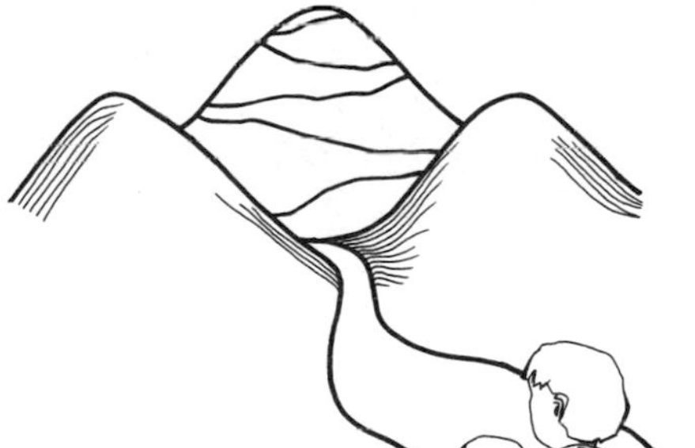

人際關係的學習就像在爬山，
家人可以當作孩子的嚮導，
陪伴孩子領略沿途風景。

Q 13 孩子被其他同學孤立排斥、欺侮時怎麼辦？

爸爸下班回到家，便感覺不太對勁，家中瀰漫著一股沉重而凝結的氣氛。低頭一看，小明書包裡的東西散落一地，媽媽則是鐵青著臉默默收拾地板上的東西，而小明的房門緊緊關著。在和媽媽交換一個眼神之後，爸爸大概也猜到怎麼回事了，無奈的問：「在學校又被那幾個同學欺侮了？」

「嗯，還是他們沒錯。老師有在聯絡簿上寫下事情的經過，大概就是他們叫小明的綽號，然後故意激怒他，等他出手後便順勢打回去……」

「這樣呀……」爸爸癱坐在椅子上聽著，腦海中似乎仍舊是一片被公事、同事、家庭及孩子擠壓出的空白。

「老師這次處理得也很公正，對方那幾個孩子也被處罰了，但小明無法接受這種事情一再發生，他今天又暴衝了，事情發生後便哭著跑到廁所，回來後又被同學嘲笑愛哭鬼……」媽媽平淡的語調中盡是不忍和無奈。

隔了一會兒，媽媽走到小明門前：「小明，好點了沒？如果好一點就出來準備吃晚餐……」房門打開，小明走出來便撲在媽媽懷裡，臉上的淚水撲簌簌的流下。「大牛他們真的很過分，他們都故意找我麻煩，我根本不知道我做錯什麼，他們就一直要針對我，我不想去學校了，我不要跟他們同班，一群混蛋爛人……」媽媽聽著眼眶也紅了，卻又說不出話來。

生活應用解析

孩子在學校被其他同學排擠、孤立，這對孩子是相當受傷的一件事情。幾年來在學校與孩子互動的經驗，我發現有幾個原因會影響到孩子的人際關係。首先是整體儀容的表現，孩子是視覺的動物，因此當孩子的儀容衣著不乾淨時，很容易便會成為被嘲弄的對象。另外，孩子的個性也有影響，對活動力旺盛而注意力分散的孩子來說，往往還沒有聽到對方的重點就急著打岔，打亂了別人互動的節奏，自然就會被白眼。對個性固執、堅持原則的孩子來說，因為少了彈性，在遊戲時容易顯得格格不入，久了自然不會有人想找他玩。有些孩子情緒起伏很大，持續時間又久，別人覺得他難以接近，好一點是敬而遠之，不然就是群起攻之。而當孩子因為這些原因造成班級干擾時，又更容易成為排擠的對象，讓孩子更難適應班級及學校，成為惡性循環。

因此，當孩子被排斥時，我們要先澄清幾個重點：

1. 有沒有別人也被排斥？
2. 通常是哪些人，用什麼方式在排斥孩子？
3. 孩子自己認為是什麼原因被排斥？（引爆點）
4. 老師通常如何處理？
5. 排斥的現象持續了多久？

6 孩子自己是否感到困擾？（包含是否影響到上課的學習、與朋友的互動或生活作息等等）

7 孩子的個性有沒有影響？影響是什麼？

知道這些訊息，我們就可以先初步瞭解這是偶發還是常態？孩子是否被針對？有沒有特定對象？他們之間有沒有什麼過節等，這可以幫我們釐清事情的嚴重性、需要介入的程度與方向，以及孩子被排斥或孤立的關鍵原因。

爸媽可以怎麼做

1. 當孩子因為暴衝情緒，而損壞人際關係時

如果孩子能夠選擇，他們一定也希望百分之百控制住自己的情緒，但是因為種種生理或心理因素，導致孩子自己也常常成為情緒暴衝的受災戶。每次風暴過後，孩子比大人更氣餒，因為他不但要面對暴衝後千瘡百孔的人際

關係，還要承受每一次情緒大浪來襲時的無助感。

當我們想要幫助孩子管理情緒時，可以參考以下的步驟：

❶ **轉移注意力（冷卻情緒腦，開啟理智腦）**：當我們在衝突場合中待越久，越容易陷入激動的情緒裡，這是因為我們的情緒腦不斷提高運作的層次，而理智腦則被壓縮了施展的空間。因此要讓情緒降低的第一個方法，便是把注意力從衝突的情境中移開，包括離開情境、洗把臉、上廁所、呼吸空氣、彈性皮筋（這是一種簡單的自我監控策略，讓孩子在手上套一條橡皮筋，當他覺得自己情緒快要爆炸時，就輕輕地彈一下自己，然後記錄在紙上，看看一天會彈幾次）等等。

❷ **反應你看到的現象（當孩子的另一面鏡子）**：孩子有時在氣頭上，但是他並不知道自己的狀態叫做生氣，大人可以在此時作孩子的一面鏡子，忠實反映出他目前的狀況。透過你的描述，孩子開始可以把他自己的狀態跟抽象的情緒詞彙聯結在一起，而生理跟詞彙的連結，便開啟了孩子自我覺察

的第一步。一旦孩子慢慢可以學習用情緒的詞彙描述自己時：「我現在很生氣」、「我現在很難過」等等，他就具備了管理情緒的基礎。

❸ **同理孩子的困境，給予時間選項（強迫升級法）**：孩子要解決自己的情緒並不簡單，有時必須透過一些外部線索來提醒自己，因此，當孩子發脾氣時，我們可以向孩子表達同理，並且願意給予他時間試著去緩和自己。不過在提供時間時，建議爸媽用選項的方式，這樣不但可以強迫孩子選擇，也可以控制要給予的時間，比如你可以說：**「我知道要你現在冷靜有困難，我在想，或許你可以試著用你自己習慣的方法冷靜，因為你有能力可以辦到這一點。你覺得你需要多久時間？三分鐘、五分鐘還是十分鐘？」**

這麼問的用意，是孩子被限縮在你給予的時間選項中。當他選擇後，他也就要學習在有限的時間內處理情緒。一旦孩子辦到了，這就是他能力的展現，值得嘉獎；而當孩子失敗時，我們仍然可以肯定他願意嘗試的態度。當我們把肯定放在孩子努力的過程，而不是結果時，你會發現孩子更願意投入

2. 當孩子因為缺乏人際技巧，而損壞人際關係時

孩子缺少人際技巧而被排斥，是相當普遍的現象。通常除了情緒問題外，孩子的特質也是關鍵。有的孩子個性衝動、活動力大；有的孩子對自己的原則相當堅持，不容挑戰；有的孩子則是注意力分散，不容易注意到重要的線索而犯錯……，上述這些特質都容易在人際關係中做出不恰當的反應。因此要協助孩子改善人際關係時，先瞭解孩子的特質，以及這個特質對人際關係所造成的影響是相當重要的。

除了少部分孩子天生喜歡獨處外，大部分孩子都喜歡彼此互動，如果人際關係不好，對情緒也有負面影響。當我們瞭解孩子的個性對人際關係帶來的影響後，我們可以和孩子討論這一點，並且共同制定改善方法。

對於容易衝動的孩子，他需要做的就是放慢每一次互動的腳步，透過「因為我想要交朋友，所以我要試著在每一次跟別人玩或是聊天時，先聽完

對方說話」、「因為我想要交朋友，所以我要放低音量，對方聽得到就好」等等來改善。而對於強調規則不容更改的孩子，他通常會有自己堅持的理由，爸媽可以聽聽孩子的理由，並從你們的角度分享被孩子一板一眼對待的感覺，再鼓勵孩子一次放一點點的空間給對方，用做實驗的角度，看看對方會不會因此有良好的回應。對於某些注意力分散的孩子，爸媽可以請孩子扮演小偵探，去觀察別人互動的情形，包含別人怎麼開口、怎麼回應、眼神看向哪等等，透過具體項目的觀察，讓孩子反思自己可以改進的地方。

3. 當孩子是因為其他因素，導致人際關係不佳時

像是外觀、儀容、班級氣氛或是班上的特定對象等等，這些原因有些可以自行解決，有些就必須透過導師協助，視實際狀況處理。放任著不管，通常結局也不理想。

大多時候，孩子的人際問題是逐漸累積的，許多孩子在低、中年級一開始是出現某個問題行為，然後行為問題變得嚴重，慢慢演變成人際問題，再

來引爆師生衝突，導致親師的誤會與心結，結果最後老師、家長與孩子呈現三輸的局面。

親師交流板

通常影響孩子人際關係的原因很多，從外觀、功課、個性到特殊診斷問題都有可能，不過老師本身對孩子的態度，也會影響到班上其他人對孩子的觀感。差不多從中年級開始，孩子們便開始會觀察及揣摩老師的意向及態度。因此對老師來說，避免自己流露對某些問題孩子的主觀情緒相當重要，這可以減少老師及孩子在班上不必要的困擾。

和孩子討論如何改善在班上的人際關係，通常會引發孩子合作的動機（如何交到朋友、建立好人緣等等），進而討論可以嘗試的策略等等。而老師可以從事件與事件之間的趨勢看見孩子的努力跟進步，搭配記點系統並回饋給孩子，讓孩子看到自己的能力與表現，建立人際關係的信心。

1.

孩子被孤立時，原因可能不單純……

2.

幫孩子找到他的負向人際循環，就是改變的開始。

Q14 孩子執著於特殊興趣、無法融入同學或對人際沒有興趣時——自閉症光譜

小亞今年五年級，下課時總安靜的坐在位子上看書，儘管走廊總是鬧成一團，但小亞總是專心讀著他喜歡的恐龍圖鑑，和鬧哄哄的下課時間形成明顯的對比。

開學沒多久，同班同學阿多邀請小亞下課一起去操場打樂樂棒球時，「不用了，謝謝你。」小亞轉頭禮貌的回絕了阿多。

「你不是很喜歡打樂樂棒球嗎？」阿多不解的問。

「嗯，對……」小亞側頭看了一下阿多，指著手中的讀本問：「你讀過本書嗎？」

「呃……沒有。」阿多看了一眼讀本，隨即表現出沒有興趣的樣子。

「這本恐龍圖鑑是去年最新版，裡面從三疊紀開始介紹，還把恐龍的演化與鑑定技術作了很詳細的介紹，你知道嗎，恐龍其實只是一個泛稱，但它們共有的特徵其實是……。」小亞開始如數家珍地從恐龍的特徵、演變、分類開始向阿多介紹，但阿多很快就不想聽了，他試圖阻止這場對話：「喔，好……可是我要先過去……」「恐龍剛在世界上出現時，那時後還有很多其他的生物，你聽過堅蜥目、勞氏鱷目嗎？它們大部分在三疊紀後期……」小亞興味橫生的說著，絲毫沒有注意到阿多不耐煩的臉色。

「好了！小亞，我快要來不及去打棒球了！」阿多語氣中開始有點生氣了，小亞這才停了下來，看著阿多，「你現在要去打棒球嗎？」

「對啦，而且我都快來不及了……」阿多沒好氣的回答。

「你下次如果一下課就去的話，就可以玩很久了。」小亞很認真的說。

「吼！你太誇張了吧！！」聽到小亞的回答，阿多生氣地走出教室，而小亞不解地看著阿多的背影，腦袋中還是充滿了疑問。

「他如果真的怕玩不到，本來就應該一下課就去操場，不是嗎？難道，是因為我不去他才不開心的嗎？」小亞越想可是越迷糊了。

生活應用解析

一九四零年代，維也納有一位小兒科醫師，他發現在診所病患裡有一群孩子的特質跟行為模式彼此相當類似，這些孩子在很小的時候，口語表達的能力較同齡孩子落後、不太與爸媽或家人互動，並且執著於某些物品，一再出現固著的行為等等。而當他們進入幼稚園、小學後，這種差異變得更明顯。導師或孩子自己通常會反應，他們不太能夠理解群體的某些人際規則、不太能夠辨認他人的表情，或是猜出話語背後的意涵，大多數這類的孩子也對別人非語言的訊息感到困惑，不知道同學的眼神或是手勢代表的意義，因此，他們常常不小心打斷別人的遊戲或對話、在社交場合中不自覺說了不恰當的話，或是當事情沒有按照自己預期的方式進行時，出現強烈的情緒或反應等等。也因此，這些孩子的狀態總是容易起伏，而人際關係或社交生活往往也跟著一團亂。

通常孩子如果在三歲前出現以下核心特質：**社交溝通能力缺乏、一再出現固著或重複行為**，這可能顯示他遇到一些發展上的先天困難，在臨床上有一個正式名稱：**自閉症光譜疾患**（另一稱為自閉症類群障礙，包含過去廣為人知的自閉症、亞斯伯格症以及兒童期崩解症等等）。之所以稱為光譜，是因為這些孩子在上述特徵的表現程度不一，就像是落在光譜上各自獨立的不同位置。

自閉症光譜疾患，是一種先天腦部發育與一般人不同的生理現象，用比喻來說，孩子的大腦與一般人相比，在程式設定與軟體系統都不太一樣，因此會出現上述幾點特徵。不過，每一個孩子表現出來的樣貌與特質，又都不盡相同，像是案例中的小亞，便是自閉症光譜疾患中少數口說能力良好，幾乎像大人一樣流利，但是卻不瞭解人際互動中的某些元素與情緒，並且容易沉浸在自己的特殊興趣裡。

因此，一旦家長懷疑孩子可能存在發展上的問題時，只要把握住核心觀

念即可做初步的判斷

爸媽可以怎麼做

1. 如何判斷

年幼的孩子，如果在語言能力與社交活動的發展上落後同齡孩子，並且總是有一些相當堅持的行為便值得注意。評估的項目包含：六個月大對聲音、名字是否有反應、對照顧者是否有感情表現，一周歲時是否會說單字（爸爸、媽媽）、是否有手勢出現、是否能玩簡單的遊戲，十八個月時是否會模仿別人、口說是否超過六個字、對家中常出現的物品是否知道確切用途等等，都是判斷的依據。

2. 早期療育

一般來說，自閉症光譜的孩子越早接受早期療育對他日後生活適應幫助越大。許多研究指出，醫療資源越早介入，越能協助孩子降低固著的行為，同時增加彈性。一般大型醫院的早療中心、復健科或是坊間的復健診所都有提供從早療到學齡、入學後的相關課程與服務。內容從學習生活自理能力、培養溝通能力、提升人際互動品質到促進社會適應與情緒控制能力等項目。如果爸媽能力允許，我相當鼓勵孩子接受早療，這對孩子與父母，都是一個值得的選擇。

陪著自閉症光譜的孩子成長與學習，是一條漫長而艱辛的旅程，中間會經歷一次又一次的挫折與失敗，意外與挑戰是家常便飯，身心俱疲則是無法迴避的代價。因此，爸媽也務必照顧好自己，甚至可以多接觸相關的特殊兒團體，不但可以和其他家長們交流學習相關經驗，也可以獲得許多實質與心理的支持，這將會是陪伴孩子很重要的力量。

3. 溝通能力

由於自閉症光譜疾患的孩子普遍有表達上的困難，因此父母可以利用生活中的實際狀況，教導孩子如何在適當情境中正確表達，或是透過動作反應，比如聳聳肩代表不知道、揮手代表再見、用句子：「不好意思，可不可以幫我……」開頭來求助等等。

4. 社會互動的能力

因為大腦程式先天的特殊設定，孩子對自己或他人情緒的辨識有困難，也很難理解別人非語言符號所代表的意義，而這些往往又是人際關係的重要元素，因此對孩子來說，社會互動往往是孩子比較大的挫折來源：

❶ **人際互動練習的原則，以由簡到繁、由易到難，循序漸進為主。**

❷ **創造生活中人際互動的學習機會**：爸媽可以利用週末或假期時間，邀請親友的小孩來家中聚會，**並做預先的準備**：提前告知孩子活動日期與應對方式、教導其他孩子與自閉症兒童互動的方式與原則、設計可以共同參與的遊戲，同時最好能夠帶著孩子與其他小朋友一起遊戲。

在每一次的互動過程中，家長盡可能把孩子良好的人際反應，用好寶寶點數的方式作為獎勵的紀錄，增加孩子的社交行為與品質。

❸ **日常中活中的社會互動：**從到早餐店買早餐、點餐、用餐到便利商店購物、繳費，這都是家長可以帶著孩子逐步練習的機會

親師交流板

自閉光譜的孩子對每一位老師來說，都是一個相互學習與成長的過程。兩年共處的時間，只要老師願意用心經營和孩子的關係，大部分孩子在班上的干擾往往也會逐步改善。

老師可以安排小天使協助孩子在班上的人際與活動，也可以多提供視覺素材：像是字卡、圖卡等，把班級的規則、獎勵等寫在黑板上，讓孩子有明確的規則可以遵循。

同時，孩子是否尊重或敬畏老師也是一個很關鍵的點，很多孩子如果信服老師，通常就會在適應上比較好一些。而獲得孩子信服最重要的關鍵，在於能否讓孩子感受到你對他的在乎與公平。

另外，和有效能的家長維持品質良好的聯繫也是關鍵之一，有時候孩子的狀況如果有家長的幫助，或是提供孩子在家中的相關資料，都有助於老師思考如何增進孩子在學校的適應。

更重要的是，每一個自閉症光譜的孩子，都有他獨特的優點與氣質，而這些特質是其他人所缺乏的，像是他對興趣的執著與投入、對規則的堅持與遵守、善意的誠實與單純等。當我們能夠站在鼓勵的角度，看到孩子的這些優勢特質時，也能幫孩子建立起他對自己的肯定。

1.

仔細看看這幅圖，你看到了什麼？
有人看到少女，
有人則是看到了老婆婆。
同樣一件事，
立場不同，結果也不同。

2.

「理解」開啟了孩子的視野與心胸。

PART 5

其他疑難雜症的孩子

PSY.
Chen.

Q 15

做事情總是丟三落四，叮嚀一件忘一件的孩子

「小文呀，等一下吃完飯把功課跟聯絡簿拿出來給爸爸檢查唷！」晚餐時，眼看大夥吃得差不多了，媽媽提醒小文。

「喔喔好。」小文津津有味地喝著湯回應。待大家用完餐，各自收拾完餐桌，小文坐在客廳沙發上隨意轉著電視頻道。

「小文，剛剛媽媽怎麼說的呀？」爸爸從廚房側著頭向外喊。

「喔！對唷，好！」小文起身回房間，東摸西摸了一會兒，等到爸爸不耐煩開始催促了，才抱著一疊作業本走出來，一起放在爸爸的書桌上。

「那，聯絡簿還有作業……咦，爸爸！你這個是不是IG呀？你也在玩唷？」小文邊看著電腦螢幕，邊把作業本在書桌上攤開，爸爸接過聯絡簿，

一本一本核對作業本。「小文，你的數習跟生詞本呢？怎麼沒有看到？」

「喔喔！好，我去找一下！」小文應答後又進了房間，過一會出來後，手上還是空空的，「我忘記帶回來了耶……。」

「什麼？又忘記帶回來了？這是這星期第三次囉！！你今天還有什麼東西沒帶回來的？」爸爸盯著小文，這時媽媽正巧從廚房大喊：「小文，你的便當盒跟水壺呢？」

「啊！我忘記放在課後班了！」小文突然想到般的說，這下子媽媽也進了書房，看到桌上的聯絡簿跟爸爸的眼神，媽媽沒好氣地追問：「你今天是不是又忘記帶作業回來了呀？」

「她呀，今天數習跟生詞本都沒帶回來，昨天是數重，前天是英文練習本……結果今天又把便當盒放在學校，我看你一個星期五天要忘記幾天，太誇張了吧你，跟你說幾次了，每次回家要檢查聯絡簿，你有沒有檢查？有檢查為什麼還會沒帶？」爸爸連珠炮式的不悅發問，小文則是試圖解釋一切：

「沒有啦，我是太急了……。」

生活應用解析

孩子如果總是丟三落四，講一件才做一件，通常有幾個可能：

❶ 他沒聽到（訊息要從外面進到孩子的大腦，首先注意力大門要打開，否則訊息進不去）。

❷ 他沒記下來（注意力大門打開了，但沒有記起來也不行）。

❸ 他沒有依序排列訊息（就算記起來，但沒有把訊息好好地整理分類，重要的在前面、不急的放後面）。

這時如果理解力跟不上，做事的時候又分心，或是孩子壓根就不想做（沒有動機），最後還是會導致做出來的結果到處缺漏，忘東忘西做不好。

所以爸媽會發現，完成一件事情是很精密又複雜的認知過程，孩子要付出的大腦資源非常多，不但注意力、記憶力、綜合整理能力及理解力要一起參與，更重要的是必須要在有動機，不排斥的情況下，才會有完滿的結局。

所以從注意力、記憶力到動機，都是我們看孩子要考量的面向，所幸大部分時候，孩子的大腦資源是很夠的，只是在某個環節可能出了一些狀況，才讓結果不理想。

爸媽可以這樣做

1. 先從動機開始

大部分爸媽應該都有一種體驗，當你在做一件非常吸引你的事情時，你會花許多時間去處理它，你會注意、牢記與這件事情相關的任何資料。在這個過程中，有一個很重要的東西驅動著你，讓你義無反顧地走下去，那就是**「喜悅」**。因為有興趣，所以做的過程不是辛苦，而是好玩。孩子也是一樣，甚至更明顯，所以他們可以玩遊戲一連好幾個小時不嫌累，但寫功課時才十分鐘便唉唉叫。有些孩子甚至因為討厭某個學科，寧願將作業放在學校，也不願帶回家裡，但對於喜歡的領域或科目，孩子可是記得比誰都清楚。

要如何提升孩子做一件事情的動機呢？關鍵也是在喜悅，只是這種喜悅，可以是做事情前的期待、過程中的感受；也可以是完成後的成就，透過鼓勵，我們可以輕易做到這一點。

當孩子對於某些事情感到挑戰想逃避時，我們可以把這些事物區分成小小的目標，一旦孩子小目標容易達到，便有意願往前，同時也建立了小小的喜悅感。

2. 打開注意力的大門

要接收訊息，注意力大門要打開，因此很重要的一點是，孩子要練習把注意力在該打開的時候打開，這透過平常對話的練習就可以辦到。比如爸媽說話時，可以請孩子練習四目相對，眼睛一旦對到，注意力就可以搭上線，並且在爸媽說完話後，請孩子用他自己的話說一次。如此一來，我們不但可以檢查孩子的理解是否正確，同時孩子也透過複述將訊息做整合與記憶，一舉兩得。

如果有空便帶著孩子練習，孩子養成習慣後，他也可以將這個能力應用在生活的其他部分。

3. 記憶力／檢核力

當孩子可以注意聽，也確實把重點都摘要出來，但事情還是沒有做好時，怎麼會這樣呢？

這可能跟孩子疏於檢查有關，有些孩子把重點記下來、聯絡簿也抄得很完整，但東西老是忘記帶回來，這時培養孩子「檢核／檢查」的能力就很重要。「檢核／檢查」的意思，是讓孩子把項目與實際的情形逐一比對，比如抄了聯絡簿，作業卻還是沒有帶回家，此時透過檢查，孩子就能夠一筆一筆確認是否都有把作業放進書包。

有些家長會說：「我每次都叫小朋友要檢查呀，檢查半天還不是一樣沒帶！」通常這只有一個原因，就是孩子只有嘴巴上說檢查，但實際上卻沒有養成檢核的習慣。因此，要培養一個孩子從沒有的習慣，獎勵就很重要了。爸媽可以和孩子說明獎勵的目的，是要幫助他養成檢查的好習慣，因此只要每天都有將功課帶回家，就可以計點一次，集滿點數就可以換取某些實質的獎勵或特權。

當孩子能夠透過檢查來核對自己的狀態時，你會發現孩子也能夠將這種能力應用在平常的上課、考試與各種人際關係中，因為檢查本身就是一種反思，讓孩子看到自己規劃與實際表現的落差。

同時，我們也可以開始教導孩子事情輕重緩急以及歸類的排序，你可以用「先……再……，因為……」或是「第一……第二……第三……，因為……」的句型，幫孩子整理出事情的序列與重點，孩子也會在這種命令中開始學習事情的歸納與排序。

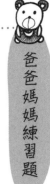

爸爸媽媽練習題

孩子書包裡的東西老是丟三落四，我們可以先確認孩子沒帶回家的作業裡，是否有他討厭或不喜歡的科目，如果有，問題便可能不在孩子健忘或糊塗，而在他面對不喜歡科目的態度。

而當孩子是普遍性的迷糊時，我們便可以用獎勵計點的方式，讓孩子跟著我們的遊戲規則走。比方說，第一個星期可能五天裡有兩天作業全帶回家，便可以獲得五個點，第二週則是五天裡面有三天，便可以獲得五個點，依此循序漸進。當孩子有帶作業回家時，就代表他有認真地檢查核對，這是我們想要的行為，於是可以口頭鼓勵孩子的努力：**「你今天把作業全帶回家了，這真是很不錯，因為你有開始用檢查的方法來幫助自己。」**或是**「我覺得你有在為自己負責，這樣很好。」**雖然對孩子來說只是一個小小的舉動，但是在你眼裡被認可是一種負責的態度，無形中也能建立起孩子的責任感。

慢慢的，當孩子能夠維持一定比率帶作業回家時，我們可以再增加其他的目標行為，逐步改善孩子的迷糊表現。但是在這個練習的過程中，請別吝嗇讚美孩子所表現出任何注意集中、雙眼凝視、用心覆誦、記錄及檢核策略等行為，這在將來都是孩子重要的技能之一。

親師交流板

孩子迷迷糊糊、健忘通常在學校的影響不大，大多是忘記帶功課而必須在早自習或下課時補完，這對孩子來說就是相當大的處罰，因此大多時候，只要老師能夠貫徹對孩子的管教原則，孩子自然就要自己想辦法解決。

當然如果孩子老是在下課補作業，我們可能要面臨的風險就是孩子會有很多的情緒，這種情緒可能會用不恰當的方式宣洩，因此透過前文介紹的方法來幫助孩子記住，就長遠的師生關係與培養孩子能力的目標來說，會是比較適合的做法。

1.

2.

透過培養孩子自我監控的能力，協助孩子不再忘東忘西。

Q16 睡覺時總要有人陪，不敢自己睡覺的孩子

「媽咪，我今天可以跟你們一起睡嗎？」就寢前，小諾貼著媽媽低聲的問。

「怎麼啦？又不敢一個人睡了嗎？」媽媽似乎對小諾的問題並不意外。

「嗯……對呀，我還是怕會有壞人在家裡。」小諾環顧著黑漆漆的房間，有點緊張的說。

「什麼壞人？別鬧了，哪來的壞人呀？」媽媽不禁啞然失笑，但小諾的神色仍然透露出不太自在的擔心。

「好啦，我說寶貝呀，你別擔心啦，不會有壞人的，而且爸爸媽媽就睡隔壁呀，有什麼事情你隨時都可以叫我們，不是嗎？」媽媽安慰小諾。

「但叫你們又不見得聽得到……我就是怕嘛……」小諾的聲音已經開始哽咽，神情顯得更焦慮了，這時候爸爸神情不悅地走進房間對小諾說：「你太誇張了吧？每次都這樣，該睡覺的時候不睡覺，你到底要搞到什麼時候？你說有壞人，你去把他找出來呀！到底壞人在哪邊？都住多久了你是有看到半個壞人嗎？」爸爸的責備讓小諾頭垂的更低了，雙眼直看著地上，臉上盡是委屈，媽媽這時出來打圓場：「哎唷～沒關係啦，說不定只是暫時的，慢慢就好了嘛。不過小諾，媽媽知道你會怕，可是我們說好了，你還是必須要一個人睡喲。」

「嗚～～我真的不敢啦……」小諾眼淚潰堤的哭了出來。爸媽兩人相視後只能無奈的搖了搖頭。

生活應用解析

孩子怕黑有原因。

當孩子說他怕黑，不敢一個人睡覺，背後往往有各自的原因，有時候不見得是黑暗本身，但與黑暗的確有關。當黑夜來臨，房間燈光關上後，在伸手不見五指的黑暗中，也是孩子幻想最活躍的時刻。因此，黑暗此刻成為想像力的舞台，孩子腦海中各種來自白天的事件、電視中的畫面、大人的玩笑等等，在擔心與害怕的誇張調色下，成了「真實」的想像，因此孩子也就不敢一個人獨處。

找出孩子不願意睡覺的原因，將是幫助孩子的關鍵第一步。每個孩子擔心的主題都不太一樣：有的孩子害怕黑夜中會有鬼怪、壞人、小偷等人物跑出來，有的孩子擔心爸媽會在夜晚時離開自己或受到傷害，有的孩子則是受到噪音干擾，有些孩子是因為在黑暗中曾經歷過地震打雷等令人驚嚇的事情，有的孩子可能是擔心明天學校的某些情況，有的孩子則是希望能夠藉此多獲得爸媽的關心……。

能幫助孩子釐清原因，才能和孩子一起解決問題。孩子因為擔心自己的想像而不敢獨處時，要付出比較多的時間與耐心，階段性的陪伴孩子度過。

至於孩子到多大之後怕黑、不敢睡的問題會完全解決呢？這個問題的核心仍然在爸媽處理的態度與方法。責備、強迫或處罰不會讓事情好轉，孩子如果因為你的責備而改善了，大多時候他只是默默隱忍住自己的擔心而已。

爸媽可以這樣做

1. 弄清楚孩子在怕什麼

孩子怕黑的原因非常多，因此第一步，就是找出孩子恐懼的來源。在我的經驗中，不少孩子因為在白天聽了鬼故事、看了恐怖小說或是上網看影音節目，而對於故事中的神鬼、小偷、強盜等等人物感到害怕，在上床後不斷回想到白天的情節或記憶，而不敢獨處。

此時千萬不要覺得孩子的理由荒謬，而表現出否定或嘲弄的態度，因為對孩子來說，他的確就是這麼相信的。

2. 提供安全感、轉化思考框架

對大部分怕黑的孩子來說，一個人在黑暗中獨處是很煎熬的事情，主要是因為想像力不斷製造出恐怖的畫面與情節。因此，某些中低年級的孩子，爸媽可以提供一些象徵性的物品，作為陪伴或保護孩子的對象，像是絨布娃娃、動物玩偶等物品，爸媽也可以告知孩子這些娃娃能夠保護他們入睡。利用收音機放一些抒情歌或孩子喜歡的音樂、故事，也可以轉移孩子的注意力。若孩子不放心，也可以提供小夜燈、在床頭旁邊放手電筒，通常也會有所幫助。

若因為電影或電視情節而害怕鬼怪的孩子，有必要和孩子解釋電視或電影的內容是虛構或不存在的，藉此減低孩子的擔心。

我們也可以轉化怪物的意義，比如孩子可能很怕半夜中會出現一個怪物，但我們可以引導孩子想像：**「這個怪物有沒有可能是想要來跟你一起玩躲貓貓、或是說笑話？還是他很無聊，找不到人跟他聊天呢？」、「說不定某某怪物是想要跟聖誕老公公一樣，送你什麼禮物唷～」**透過類似的引導，可以破除孩子先前對怪物跟恐怖的意義連結，跳脫舊框架。

3. 再保證

對於堅信黑暗中會有壞人、小偷出沒的孩子來說，上面介紹的道具可能不夠看。因此，爸媽除了提供安全感的物品外，也可以在睡覺前帶著孩子巡視家中的每一個地方，讓孩子透過實際行動，減少想象的空間。同時爸媽也可以透過保證增加孩子的安心感，爸媽可以說：**「某某，我要很確定的跟你說，你所擔心的——並不會發生，它只會發生在你的想像裡，並且讓你誤以為它真的存在，所以現在跟我一起說一次：想像不等於事實，我擔心的是想像，事實上不會發生。如果你晚上有任何的擔心，你隨時都可以來爸爸媽媽的房間跟我們說。」**

透過自我對話式的語言，有時孩子可以在黑暗中試著安慰自己，減輕擔心與恐懼。

4. 用正面意義取代負面情緒

同樣一件事情，隨著看法的轉換，有時候可以帶來完全不同的意義。當孩子覺得黑暗很恐怖時，或許我們可以把黑暗的意義做一些調整，比如可以在房間裡貼上螢光星空貼紙，並且在不同的節日搭配不同的主題，讓孩子可以看到天花板上美麗的圖樣，這樣「黑暗」就從原本負面的「恐怖」變成了正面的「美麗」、「有趣」。有時這種意義轉換的技巧，也可以幫助孩子在生活中學習看到事情的不同面向。

在幫助小朋友調適黑暗的過程中，進展不見得很順利，因此爸媽可能會氣餒，灰心或失望，也請隨時保持對孩子的信心，鼓勵他的努力。有時候，問題不見得能夠完全改善，但在努力的過程中，反而促進了親子彼此間的關係與理解。

親師交流板

孩子儘管在學校不會突顯害怕獨處的問題，不過有些家長仍然會希望老師可以幫忙，這時處理的原則也如同以下建議：

1. 先釐清孩子害怕的原因。
2. 跟孩子討論擔心的真實性（想像不等於事實）。
3. 提供爸媽可以採取的策略（如前面的具體建議）。

有時候，孩子怕黑的原因不見得會跟爸媽說，但卻會跟老師說，這時候老師也可以將相關的訊息提供家長參考。

另外，同學與同學之間不免有許多無傷大雅的傳言、故事交流，有必要時，也可以幫助孩子澄清故事的真偽。

1.

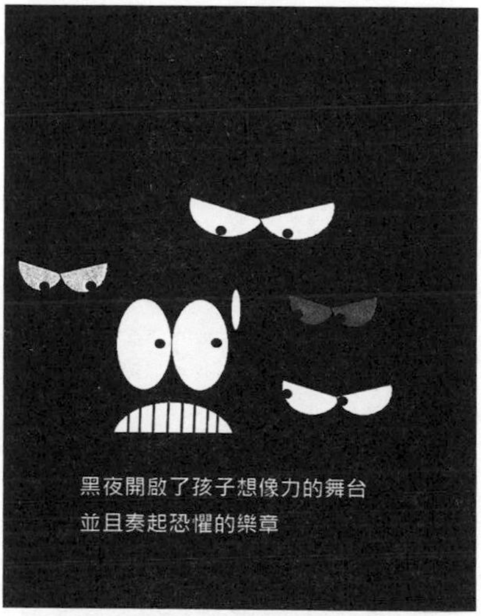
黑夜開啟了孩子想像力的舞台
並且奏起恐懼的樂章

2.

黑夜的意義是可以改變的
而包容開啟了孩子成長的空間

Q17 功課老是缺交，遲到請假更是家常便飯的孩子

阿傑今年剛升上五年級，開學後沒多久，導師便發現阿傑作業缺交的情形越來越嚴重，上學遲到的次數也變多了，雖然導師寫了聯絡簿請家長注意，但情況似乎沒有太多改善。不過導師也觀察到阿傑與同學的相處還算和諧，也有幾個常走在一起的朋友。

有一次導師在辦公室遇到阿傑的中年級導師，於是聊起阿傑的近況，依據中年級導師的觀察，其實過去阿傑在班上的人際關係還算可以，下課也常常和同學玩在一起，印象中偶爾會有作業沒寫完，或是身體不舒服而請假的紀錄。

隨著開學越久，阿傑對功課與學校沒有動機的狀態也就越明顯，不但缺

交的作業堆積如山，被老師罰下課補寫也不配合，遲到請假更是家常便飯。導師和阿傑爸爸聯絡的結果，父親表示阿傑從小脾氣便相當拗，對於沒有意願的事情相當堅持，且對於人際衝突會採取逃避的方式，這些人格特質目前亦可在校園中觀察到。

生活應用解析

孩子不喜歡念書、不愛寫功課，只要稍微回想我們自己的學生時期，相信就可以瞭解孩子的心情。不過，大部分孩子可以很快適應學校的生活與要求，並且慢慢優遊於各自的興趣與嗜好；但有些孩子對於念書或上學這件事，卻出現了抗拒與排斥，可能來自以下的原因，這些原因彼此之間都會互相影響，很少只是因為單一原因所引發：

1. 家庭內的問題

有些孩子在學校的狀況，很可能是家庭問題的延續。加上孩子念書或上學需要家庭督促，因此，當家庭狀況不穩定時，孩子的心緒也會跟著波動，導致無心向學而引發後續的抗拒。因此，釐清家中的情況，以及可能對孩子造成有形或無形的影響，才會比較清楚問題所在。

有些孩子因為家庭功能不理想，像是雙親工作形式（早出晚歸或是晚出早歸）、長時間分隔兩地不在家，教養落到爸媽其中一方身上、家人對學習抱持著不一致或否定的態度、爸媽自己本身有各種經濟、司法問題的困擾、雙親婚姻狀況衝突或親子互動品質不良等等，都可能是孩子困擾的來源，而成為抗拒學校或功課的遠因。然而家庭的狀況往往都不單純，可能是一連串糾結複雜的問題，也是需要很多心思處理的部分。

我曾經輔導過一位孩子，因為在小五時意外得知自己是養子的身分，而開始懷疑自己存在的價值，也對生父母出養的決定感到疑惑。儘管養父母疼愛有加，但孩子那段期間在學校開始出現對立、抗拒的現象，後來在輔導老師以及養父母的努力下，才慢慢接受了自己的身分，回到學校。

2. 個人特質與情緒問題

遇到挑戰時，**逃避**是最容易的方法，**面對**則是鼓勵與自我接納的結果。

有些孩子天生的情緒本質比較負向，對環境的適應力比較低；有的孩子對壓力的耐受度低，因此面臨超過能力負荷或壓力不斷累加的情況時，心裡不免會排斥，並且轉為行為的抗拒。孩子一開始可能是不想寫作業，再來就不配合罰寫，最後開始逃避學習與學校。

小學中、高年級都算是一個學習的關卡，因為學校科目開始變多變難，孩子要學習更多抽象的數學符號、國字練習以及寫作文等等，有些孩子處理起來不再像低年級輕鬆，因此他必須要花很多時間、投入很多精神、犧牲很多自己的時間，這時如果又有家庭問題出現，孩子又找不到適合的方法或策略，就可能會增加拒絕學習的風險。

3. 其他：臨床診斷、認知功能或其他

孩子不學習，有時可能是有生理或認知的問題。比如有學習障礙的孩子，他可能看不懂國字的意思，或是無法理解數學符號的意義，因此學習過程總是充滿挫折。另外有些孩子在學習相關的先天能力，如理解、記憶、整合等比較低落，這往往不是透過練習就能解決的問題，如果我們再用大量的題目、測驗卷填鴨孩子，即會造成對學習負面的效果。

少部分孩子並不排斥課業，但卻因為人際問題而抗拒學校，而有關人際的問題可以參考本書章節。

爸媽可以這樣做

1. 家庭部分

照顧孩子的心情是父母的責任，如果家庭出現過大的變動，像是夫妻爭執、婚姻問題、工作型態等等，孩子當然也就跟著焦躁不安很難穩定，他變

得很難專心、思考與組織，這時處理課業跟學校的能力就會降低，排斥感就會上升，學校對他也變得毫無意義。所以爸媽的首要之務，就是檢查自己的狀態是否讓孩子跟著起伏。

維持穩定而好品質的關係，是我們可以努力的部分。

穩定的意思就是規律、可以預測，也就是孩子知道生活中每件事情相對應的關係，像是完成作業才可以看電視、不寫作業會被追究到底、爸媽幾點會在家、媽媽不在時可以怎麼找到媽媽、爸媽的要求一致等等。親子相處時的好品質則為孩子帶來安全感，你該做的事情，就是注意安靜地聆聽孩子的困擾、擔心以及喜悅。聆聽便是品質的關鍵。

2. 情緒或特質部分

儘管功課或學習是個壓力，大部分孩子仍然可以在鼓勵中去嘗試。當孩子感到挫折時，如果爸媽具體地鼓勵孩子願意挑戰的態度，將能夠激勵孩子繼續面對下一次的挑戰，因為孩子透過爸媽的肯定，內化成為自我鼓勵的動力。

爸媽可以說：**「我看到你這次考試成績／作業練習，你覺得如何？（讓孩子自己說出他對表現的看法）我想你會感到＿＿＿＿（心情）是很正常的，畢竟這是滿挫折的一件事情，但我同時也看到你的努力（眼睛注視孩子，具體說出孩子努力的行為，任何一點都可以），我很高興／喜歡你這樣的態度，我覺得這是成績無法衡量的能力，但卻是你擁有的。」**

有些孩子或許對讀書感到無趣，但他喜歡與朋友玩耍互動。因此，我們仍然可以鼓勵孩子多多發展他的校園人際關係，這麼做是讓孩子對學校保持興趣，然後和導師溝通，找出孩子不愛念書的原因，並且幫助孩子一起解決阻礙學習的難題。

不過更重要的是，其實很多孩子並不是缺乏能力，而是缺乏技巧，因為學習本身本來就是一種專業，掌握到學習技巧的人自然就會在成績上獲得回報。然而知道怎麼學習，也是需要透過練習跟探索而來的，但偏偏很多孩子會以為自己考不好、認真得不到回報，是因為自己能力不好，久而久之失去學習的興趣。這部分，身為家長必須要先跳脫這個邏輯，否則也會跟著孩子陷入自我否定的境地；或是只會空泛的鼓勵或責備孩子，像是「你很聰明呀，不要想太多」、「那是因為別人都很認真呀，你又沒有認真」，這些都沒有意義。

我們該認清的是，孩子可能在學習中還沒有掌握到適合他的技巧，因此讓他知道這一點是很重要的，一來可以引導孩子探索自己的學習方式，二來也能夠避免孩子一昧地否定自己，所以我們可以說：**「學習怎麼學習，本來就是一個不斷需要探索跟練習的過程，所以你表現不好或是考不好都是正常的，因為大部分時候這只代表一件事情：這個方法或許你不熟悉，也可能這個方法不適合你，所以你要做的事情就是，找出適合你的學習方法。」**

當孩子的情緒問題或是特質太過明顯時，可以至醫院身心科由心理師提供情緒或是特質評估，也可以由專業人員協助孩子建立適當的情緒宣洩、表達與因應的技巧，這些對於孩子在遇到生活中的挫折或壓力時，都會有幫助。

3. 臨床診斷、認知功能與其他

當孩子因為生理問題或認知功能而排斥學習時，爸媽請務必協助孩子一起找出困難點，並且與特殊教育資源連結，幫助孩子在適當的策略及安排下進入學習。更重要的是陪著孩子一起找出他的優勢與興趣，那將會是鼓舞孩子前進的動力。

親師交流板

孩子不學習、討厭學校，成因往往複雜交錯。站在教育的角度，儘管希望孩子能夠培養對學習的樂趣，不過我們也必須接受在現行教育體制下，仍舊有一定比例的孩子缺乏學習動機，甚至排斥學校的制度。有些孩子在學習中找不到意義或樂趣，並因此和班級的規範對立而衝突，甚至不入班、不進校，造成家長的挫折，也增加老師帶班的困擾，然而區分能力跟學習技巧是非常重要的部分，如同前文所說，孩子不學習往往是因為掌握不到適合自己的學習技巧，因此區分能力跟技巧是很重要的概念，請家長帶著孩子探索適合他的學習模式則是另一個重點。

學習，是家庭文化的延續，因此當老師評估孩子的家庭狀況無助於學習，或甚至干擾學習時，或許就該思考如何減少家庭的干擾，以及在學校資源中尋找可以讓學習加分的可能。比如，這類的孩子容易否定自己學習的能力、缺乏自信。導師如果能仔細找出他們在某些領域的優勢，並且把孩子投注在這些興趣中的態度（包含孩子的專注、持續與情緒）拉出來讓孩子看到，具體肯定，並且循序漸進地引回到課業的學習中，有些孩子的確能夠因此而改變學習的態度。

舉例來說，你可以說：「我覺得你在＿＿＿＿＿（領域）的過程中好認真，整個人好專注／投入／開心，當你專注／投入／開心的時候，我覺得那是相當酷／棒的一件事。如果我可以在＿＿＿＿＿（課程；盡量以孩子不排斥的課成為主）中也看到你這樣的投入，我會非常開心的，你願意試試看嗎？有什麼困難要不要跟我討論看看？」

1.

孩子逃避學習、作業或學校，通常是某些想法的結果，
所以關鍵在於「他怎麼想」。

2.

學習就像踩階梯，高低起伏不同，重點不在能爬多高，
而是他願意接受挑戰的態度。

Q18 一天到晚玩手機，不給用還生氣的孩子

「你功課寫完了嗎？該做的評量都做了嗎？」媽媽剛從浴室出來，就看到小亞窩在沙發上看手機。

「什麼？嗯……嗯……」小亞全神貫注地盯著手機，心不在焉地回覆。

「小亞，我問你話，你有聽到嗎？」媽媽看了牆上的鐘皺起眉頭。

「有啦！等等就去弄啦！」小亞頭也沒抬，手還是在螢幕上滑個不停。

「什麼叫做等等就去弄？都已經幾點了？功課沒寫完、評量沒寫完，我有說可以玩手機嗎！你今天已經玩多久了！手機給我放下！我數到三，一……二……」

「後右！煩耶！我就說等等會去了啊，我又不是小孩子你幹嘛一直管，

我有我自己的安排好不好！」小亞聽到媽媽下了最後通牒，心不甘情不願帶著怒氣回了房間。

「生什麼氣？我都沒生氣了你還敢生氣？」媽媽回過頭看著客廳一角也在滑手機的爸爸，「你看你，就是你一直滑手機也不管管他，他才會沉迷手機講也講不聽。」

「什麼沉迷手機？有這麼嚴重嗎？」小亞爸爸被唸一唸情緒也來了。

生活應用解析

E世代的孩子，網路幾乎就是他們習以為常的「母語」，相信父母對於網路也是又愛又恨的矛盾心理，因為當孩子吵鬧不休的時候，只要一給上平板手機＋網路，瞬間就得到高品質的寧靜；當孩子安靜專注在眼前的小螢幕裡，我們也能獲得片刻安靜，真是心靈上的救贖，讓我們能從不停息的壓力中得到喘息的空間。然而矛盾的是，我們心理隱約知道這樣不妥，但它真的太方便了，方便到我們無需太多掙扎，在下一次孩子讓我們爆炸前，就能輕易和網路達成妥協，由它出面安撫孩子。

我們究竟該如何面對網路，這我沒有答案，目前研究也莫衷一是，不過較能確定的是，孩子在大腦發育還不是很完整成熟的時候，大量無節制地接受網路（手機或平板），有可能對大腦發展造成功能上的影響，因此如果我們期待孩子自己養成手機或網路自律的目標，這個願望很可能落空，自律的面對網路，對大人都不是輕易的事情，對孩子來說更是難如登天。

「沒有他律，就沒有自律」這大概是面對孩子使用網路時，最需要先接受的前提。也就是說若沒有大人在旁調控與介入，就很難期待孩子能自我規律的使用網路。在國中小的階段，大人適度介入孩子使用網路是有必要的。

爸媽可以這樣做

1. 網路沉迷的基本定義

一個人有沒有達到臨床上的沉迷，通常會有以下三個主要評估點：

❶ **不能控制**：孩子很難控制上網的衝動，就算他知道這樣不對，但仍然無法控制。

❷ **不給起肖**：如果用不到網路，或是被中斷的時候，孩子會出現很大的情緒難以克制。

❸ **不能滿足**：上網的時間一次比一次長，才能夠達到心理的滿足。

以上大概是評估孩子有沒有沉迷的專業標準。但從家長的角度，你只要看一件事情就好：孩子是否因為網路而改變了他原本應有的「責任承擔」跟「表現水準」。也就是說原本該做的事情或本分，有沒有因為網路而變質；以及原本具備的表現，有沒有因為網路而退步。一旦有，就代表他還無法在網路跟本分之間取得平衡，他的自律是會令人擔心的，這應該是我們要關注的部分，也是要先讓孩子理解的底線：「**你的表現或責任，不應該因為網路**

而有質變，如果有，代表你還無法取得平衡，你會需要大人的幫助。」

2. 當孩子跟你要手機

在給不給網路的問題上，家長一定會面對孩子提出要求：「我要手機」。

面對孩子跟你要手機這件事情，通常我們除了可以跟不可以外，也會提出很多條件，包括考試考幾分就給、表現好就給等等，這些要求是我們提出的，然後孩子利用表現來交換，這種條件交換形式麻煩的地方在於，孩子也可以反過來用條件威脅你：「如果你不給我用，那我就不讀書、不好好準備考試。」這是因為孩子知道你的條件與標準是你要求的，你在意的，而不是他在意的，所以他可以輕易地用你在意的點跟你談條件，我們通常就會在這陷入麻煩。

所以面對孩子的要求，我有一個小小的建議，就是換個角度看「要求」；我們可以把孩子的「要求」轉換成「說服」，也就是孩子要試圖說服你，他憑什麼能夠得到網路或手機。這樣一來，孩子的角色就變成他要試圖讓你相信，他憑什麼能夠擁有這個權力。在說服的過程中，孩子並不是在聽命你的條件，而是在試圖為自己爭取權益。在說服的過程當中，孩子必須要做到以下幾點原則：

1. **原因**：說明要求這項東西的理由是什麼。
2. **利弊**：孩子要說明擁有這些東西後可能帶來的好處跟壞處。
3. **原則**：當孩子權衡了利弊之後，就該知道自己使用時的原則。
4. **責任**：當達不到使用原則時，該承擔的後果。

有關這四點的說明，在拙作《如果可以誠實，孩子為什麼要說謊》有非常清楚的說明，歡迎讀者們進一步參考。孩子在說服你的過程中，透過這四點的引導，讓他開始能夠判斷自己提出的要求是否合理、是否有足夠的資源跟信心達成目標，以及對於自己言行的承諾（如果日後孩子沒有做到他的表現，那就是他不守信，而不是你要求高）。

當孩子提出使用手機的要求時，在拒絕或答應前，不妨先思考看看，如何利用「因、弊、則、責」，引導孩子跟你進行一場說服的溝通之旅吧。

3. 給出手機很簡單，要回總是擺臭臉

每次給孩子手機，說好只用半小時，但是時間一到，孩子完全沒有要交還的意思。你催促他，他邊看螢幕邊跟你說：「好啦，再五分鐘。」你熬不過他，想說那再五分鐘好了，結果等你忙完之後發現過了十分鐘，再跟他要手機，他仍然是邊看螢幕邊跟你說：「好啦好啦，再一分鐘啦。」這下你心中微怒了，因為他不只要賴佔你便宜，連口氣態度都很糟糕，想到這你一整個不悅：「你是要我說幾次！我說幾次了，拿來！」

孩子見你生氣才悻悻然的把手機還你，這下他也不開心了。這大概就是我們每天生活的日常，在那一兩分鐘之間拉扯衝突，也讓親子關係受到影響，該怎麼辦呢？面對孩子該交還手機卻又要賴時，我有一個小小的建議，

或許值得參考：**「這多出來的五分鐘，不是憑空無故就能白白得到的。」**

也就是說，孩子就算在允許下多五分鐘的使用時間，但也不是他多得的，而是必須付出合理的代價：那就是犧牲未來，照亮現在。簡單來說，就是孩子用他未來的娛樂時間，換許現在的使用。這麼一來，孩子意識到自己並沒有賺到額外時間，反而是損失未來權益時，就會因此而有現實感。要達到這個目標很簡單，就是在孩子跟你再多要五分鐘時，你可以答應他，並且追加一句：「沒有問題，從你明天的時間扣回來。」、「沒有問題，超過的時間我幫你加起來，加滿三十分鐘，你就自動少一次使用機會。」

這些都是建立原則的方法，不過要請注意的是，當你這麼說的時候，孩子通常情緒都不會太好，甚至會生氣，這些都是很正常的反應，你無須對此生氣，只要讓孩子自己學著消化就好，學著接受事情不如意，並在其中練習消化自己的情緒，也是人生中的必修課。

4. 全家一起面對網路沉迷

對於網路重度使用的人來說，對於自己行為的「自覺」是很重要的。孩子們通常不太會察覺自己過度使用網路導致情緒、學業生活人際關係的改變，因此，帶著孩子覺察是第一步。通常，我會建議透過家庭會議的正式場合，分享你觀察到孩子因為使用網路帶來的損害，以及你自己的擔心。表達擔心是相當重要的，我們是因為這份擔心才有後續的各種情緒與反應。把擔心說出來，彼此才能從這個角度找共識，孩子比較能夠覺察自己的行為與後果，進入合作模式的機會也比較高。若直接以禁止的手段處理，往往會落入更多對立的局面，反而不是我們要的結果。

家庭會議中可以討論：

❶ **時間規劃：**包含每天計劃用多久、已經使用多久時間，這兩個都要記錄。前者是從自我規範的角度出發，後者則是從自我覺察的角度回溯與目標的差異，並且量化作為每週的表現。

❷ **活動安排：**除了網路以外，其他娛樂時間的替代物品。

❸ **當執行不力時，可允許的處罰是什麼？**家長討論處罰時，盡量避免以即斷的全面禁止、完全斷絕的方式出發，因為這引發的反彈也會越大。如果家長熬不住孩子的反彈與抗拒，做出了讓步，之後就很難堅持立場。一般來說，超時使用可以用往後扣時的方式進行，縮減最好就在下一次進行，否則最後會變成迷糊帳。

❹ **確實記錄：**將會議紀錄張貼在電腦前或是手機背面，作為提醒彼此的共識。

網路是我們無法禁止，並且勢必成為孩子生活中不可或缺的一部分，因此除了調控手機使用外，更重要的是如何在孩子的生活中，培養出其他的興趣或生活重心。一個手機或網路重度使用的孩子，往往反應出他生活中的茫然與迷惘，最終，這仍然是我們必須要面對的議題。

親師交流站

網路或手機沉迷，通常在學校裡不會是老師的困擾，反倒是孩子在家中沉迷於網路或手機，導致作業繳交不正常、作息不規律而影響到在班上的表現，因此問題的核心，仍然在於家庭的功能。

很多家長其實有心無力，因為家長要面對各式各樣問題，有時候可能比手機或網路還大，所以就算家長有概念，但不代表能夠配合，這也是我們需要體諒的部分。同時建議家長如果可以做到網路的適度管理，這就是可以接受的標準。所謂適度管理，就是家長對於孩子的手機使用能有一致的標準，在符合條件下提供手機，但也必須堅定的收回手機，這樣就好。

孩子過度使用手機，另一個原因也是因為學習表現不佳、成就低落、自我價值偏低，因此失去對學習的動機。這背後除了孩子本身的能力因素外，也和缺乏或低落的學習資源有關（學校以外的資源）。如果能夠在校園中提供孩子更多增進自我價值的機會，被師長或同儕認同的機會（建立在務實的表現上），這會是值得我們思考的方向。

1.

一個手機重度使用的孩子，
往往反應出他生活中的茫然與迷惘。
這是我們必須要面對的課題。

Q19 孩子老愛聯合其他人欺侮同學怎麼辦？

下課時，一群孩子在走廊上玩著鬼抓人的遊戲，小毛在一旁看著同學們玩得不亦樂乎，他也想跟大家一起玩，正當小毛說他自願當鬼時，同班同學大牛突然對著他大吼：「孫小毛，誰說你可以跟我們一起玩啦？走開啦，你很討厭耶，不要讓你玩啦。」

小毛有點錯愕的看著大牛，不知道出了什麼事情，只見大牛一邊對他揮手示意他離開，一邊說：「我就是不想給你玩，誰叫你昨天不借我看數習。走！大家走，我們去那邊玩。」在大牛的命令下，一群小朋友就跟著換了遊戲陣地，留下小毛一個人。

小毛一個人悻悻然的回到座位上，感覺有點生氣，但又有點難過，他對大牛不讓他加入一起玩感到難過，但同時他也對大牛拒絕他感到生氣。況且，大牛已經不是第一次找很多人來排擠同學了，不久前，大牛才因為阿花自然課不跟他同組生氣，不斷在下課時編歌曲大聲嘲笑阿花，還逗的大家哈哈大笑，阿花後來再也不跟大牛說話。

下午掃除時間時，小毛跟大牛同一個外掃區域，大牛趁老師離開後，又開起小毛名字的玩笑：「臭小毛、爛小毛、班上有個屁小毛～什麼也不會，只會每天抓抓毛～」其他同學覺得好笑，竟也不明就理地跟著一起附和。

「大牛都這樣，每次只要做什麼事情讓他不高興，他就會叫別人不跟那個人玩，或是開他玩笑、罵他難聽的綽號。」小毛忍住不舒服的情緒，一個人低著頭默默打掃。

生活應用解析

孩子之間的爭執，通常都有特定原因，其中大部分都跟人際關係有關，不過只要問題獲得合理的解決，甚至時間一久，孩子通常很快就釋懷了，不會再執著於當初引發衝突的事件裡，他們很快又會因為其他的原因玩鬧在一起。

但是孩子之間還有另一種衝突，不但長期存在而且充滿傷害，它的名字叫做「霸凌」。

霸凌是一種長時間利用語言（威脅、恐嚇、辱罵）、肢體（暴力攻擊）或關係（刻意孤立、放話中傷、造謠），在對方心理、身體造成傷害的惡意行為。因此，在霸凌中總會有兩個主角，一個是專門攻擊別人的霸凌者，一個是被欺侮的被霸凌者。霸凌者通常有些優勢是對方沒有的，像是權力、體型等等，也因此，被霸凌者總是不太敢大聲反抗，不過有時候被霸凌者逮到機會時，也可能會變成霸凌者。

為什麼會有霸凌者的存在呢？這原因相當複雜，霸凌者通常有幾個特質，像是比較自我中心、同理心比較低、挫折忍受度比較低，但是也有研究發現，功課好、品學兼優的孩子，也有可能為了個人的需求（被注目、成為領導者、被肯定等等）而霸凌班上的弱勢者，因此霸凌不是誰的專利，誰都可能是霸凌者。

爸媽可以這樣做

如果你是霸凌者的父母

1. 和學校合作，不急著否認

爸媽接到老師的電話時，都會相當訝異自己孩子在學校的行為，反應也相當兩極，一部分家長會懷疑老師的話，另一部分家長不分青紅皂白就馬上處罰孩子。這兩種都不是解決問題的方法，應該是將老師反應的訊息和孩子的說法同時比對、交叉檢核，才會得到比較完整的故事全貌。

當你拼湊老師與孩子的描述時，便越能釐清事件中缺漏的部分、沒有講清楚的地方，以及你越能客觀的理解這件事情。

請記得：你可以確定家中面向家裡的那一面窗戶是乾淨的，但你無法確定面向戶外的那一面是否沾染灰塵。意思是，當我們不知道孩子在學校的狀態時，請勿抱著先入為主的立場，認為一定是什麼或一定不是什麼，當你把頭探出去試著擦拭一下玻璃時，你才會知道有沒有灰塵。

2. **釐清孩子動機**

通常孩子可能因為對方的某些條件（外貌、行為或人際關係等等）而欺凌對方，他可能覺得好玩，或是覺得沒什麼大不了。因此爸媽可以引導孩子從被霸凌者的角度出發，讓孩子理解到被霸凌的不舒服與壓力，增加孩子同理對方處境的能力。當孩子能理解到對方的困境時，他就會減少刻意欺侮對方的頻率。

你可以帶著孩子換一個角度看見對方的優點，你可以這麼說：**「我想聽聽看你說的這個人，你覺得他是一個怎麼樣的人？他有哪些你不喜歡的地方／別人欣賞他的地方／你欣賞他的地方？」**

當孩子透過引導，也就慢慢從對立的角度，換到另一個正面看待的立場。每一個對孩子理解的嘗試跟努力，都是在降低日後霸凌的機會。

有時孩子不見得真的想要霸凌別人，可能是基於同儕壓力而欺負（霸凌）別人，因為他很擔心自己若不跟著做，就會成為被排擠甚至被霸凌的對象，這種在團體中不合群而遭致排擠跟疏離的情況，也讓有心維護自己價值觀的孩子感到擔心，這是很令人無奈的現況。

在態度上，我相信大部分家長都認為人跟人之間的尊重是基本底線，因此孩子在這樣的壓力中，每一個反應都是他的「選擇」，他仍然可以選擇自己的立場，並承擔選擇的結果。

❶ 最消極的態度是不參與，而不是選擇同流。

❷ 相對積極的作法是表達自己的立場。

❸ 更高明的立場是透過說服讓他人，進而不做出違背自己立場的行

為。

因此，這三個都是我們可以有的選擇，依據孩子的能力跟個性，做出自己的決策，並承擔後果。

3. 使用「我訊息」

跟孩子討論霸凌究竟對不對這個話題時，可以使用「我訊息」。

所謂「我訊息」，是一種溝通中常用的方式。原則很簡單，你可以把要溝通的內容依據：**事件**（中性的描述你所看到、聽到那些讓你不舒服的事件）＋**感受**（你的感受、心情、情緒等等）＋**原因**（引發你情緒的原因）的順序向孩子表達，這跟平常我們習慣的表達方式：「你在搞什麼東西呀？你怎麼可以欺負別人，這是很糟糕的一件事情，你讓我很失望。」內容都一樣，只是在順序上作了一些調整。

利用「我訊息」的好處是，孩子不會因為一開始就被你斥責而排斥你的建議，反而在你表達出自己的情緒後，他比較能夠聽進去你的原因與建議。

爸媽可以說：**「我聽到你在學校對待小明的方式，你用了不好聽的言辭罵他（描述你所看到、聽到的客觀事實與事件），這讓我感到很傷心（描述你的感覺），因為你對待小明的方式，其實會對對方造成傷害，但你並不明白這一點（描述你的原因）。」**

4. 以身作則

孩子大部分的行為，不少是父母親的翻版，因此反省自己是否在某些言行上成為孩子負面的模仿教材，有助於孩子行為的改善。

如果你是被霸凌者的父母

1. 被霸凌者通常不會主動反應

現在小學生的霸凌常是透過言語的方式進行，霸凌者通常相當隱密低調，連老師都不見得會發現，但大部分被霸凌的孩子會有一些行為反應。因此當爸媽發現孩子有幾個情況時，可能要小心：當孩子的成績在短時間內退步、貴重物品無故遺失、用錢量大增甚至偷錢、情緒低落焦慮或有明顯的起伏等等，這都可能是因為孩子在學校遇到了霸凌事件，因此有必要和孩子公開討論。

你可以說：**「我看到你＿＿＿＿（具體的表現或情緒改變），這讓我感到有點擔心，因此我想確認你的狀況，好讓我知道可以怎麼幫助你，你是不是在學校遇到什麼不開心的事？」**

2. **和學校合作，不是對立**

在我的經驗中，許多家長一得知孩子在學校被霸凌後，往往對學校及老師沒有及早發現感到很生氣，並懷疑是學校包庇才讓霸凌發生，因此四處檢舉申訴，讓兩方原本應該合作的關係變調成彼此猜忌的結果，完全無助於減少霸凌。

事實上，現在的孩子相當小心聰明，因此霸凌時總是會刻意避開老師，脅迫被霸凌者不能對別人說，加上言語霸凌沒有直接證據，老師想查有時也無從查起。因此，一旦發現孩子有被霸凌的可能時，務必和老師保持同盟關係，以共同合作的角度來討論如何解決。

3. 瞭解被霸凌的原因

霸凌的發生，通常不會只有單邊的責任，有時候我們也會試著瞭解，為什麼自己的孩子會成為被霸凌的對象。通常原因可能有：❶人際關係的問題，孩子的人際技巧不好。❷本身的個性害羞、容易衝動等。❸體型或儀容的特點……。有些原因可能原本就是孩子長期以來的困擾，需要時間慢慢協助孩子改善，但不應該成為被霸凌的藉口。

4. 孩子自助法則

一般來說，孩子遇到霸凌時，第一時間的拒絕與離開現場會有幫助，因為被霸凌者有時候就是想看到孩子的無助反應，這會激起他們的樂趣，因此爸媽可以教導孩子明確的拒絕：**「我不喜歡你這樣對我，請你停止。」**

5. 絕對不能在態度上姑息

大部分孩子遭遇霸凌時，心裡都會是非常憤怒又委屈的，所以我們如果不把孩子的霸凌當作一回事，甚至是要孩子息事寧人，這都會讓孩子的憤怒跟不甘心無處舒緩，導致更多情緒的困擾，甚至人格的傷害。因此當爸媽知道孩子被霸凌後，維持跟學校的合作，並且在意的態度是非常重要的，這會讓孩子知道你在意他的感受，你的在意就是對他處境的支持跟同在，這對孩子有很重大的意義。

親師交流板

霸凌是令人頭痛且永遠存在的問題，加上霸凌的隱性性質，很多時候是事件爆發後老師才知道，造成老師相當大的心理壓力，因為家長跟校方都在看你怎麼做，有一種動輒得咎、裡外不討好的無力感。

從個人行為的角度，一旦老師積極且明確地介入處理，日後孩子就知道這是一個不當的行為，而能減少霸凌的發生。霸凌也是一個系統（個人、家庭、學校三者）的問題，因此要長期從根本解決，光靠老師一個人絕對不夠，家長的角色更是重要，維持和家長的理性溝通，也是減少干擾的方法。

有研究指出，除了將霸凌事件中的相關人全部一一揪出，並按照校規明確處置外，老師如果在平日增加孩子討論霸凌議題的機會：像是透過加害者、被害者的角色扮演短劇、觀看宣導短片（如果是孩子越熟悉的藝人親身體驗越好）、體驗活動等等，都有助於增加孩子的同理心，而同理心有如行為的一把鑰匙，有時候它能決定孩子的行為是否開啟。

1.

霸凌無處不在，對當事人帶來長期的心理痛苦。

2.

每次霸凌若能得到老師及雙方家長的妥善處置，
將能減低再發生的機率。

Q20 孩子總是忍不住拿別人的東西，罵過也沒用怎麼辦？

阿福是個小學二年級的孩子，個頭小小的，皮膚白皙，在同齡的孩子中看起來瘦弱了些，不過他可是學校老師倍感頭痛的人物之一。倒不是因為他有什麼攻擊性或危險性，而是導師觀察到自從阿福入學以來，便發生了多次偷竊行為，這讓老師非常擔心。接二連三的偷竊行為，不但影響了阿福的人際關係，也影響了師生之間的互信。

而校方就算做了入班宣導、學務處老師也找阿福做了嚴厲的聲明，甚至轉介輔導處協助，同時導師也試著和家長共同合作，爸媽從好好說理到責罵、處罰，所有可以用的方法都用過，但是阿福偷竊的行為仍然沒有太大改善，現在不但在學校偷竊，放學後甚至會邀約同學到鄰近文具店行竊。

生活應用解析

不少孩子都曾經因為一時的衝動或迷糊，蓄意拿了不屬於自己的東西，但是一旦被發現後都能有所改善，並且知道自己的行為不對。然而長期的竊取，經過管教後仍然出現的偷竊，問題也就更複雜許多。

我們常常看到有些偷竊的孩子，其家庭功能不是很理想，甚至有受虐、照顧者疏忽、管教不當等等的問題。也有些孩子沒有這些問題，但偷竊的問題持續不斷。

從偷竊這個行為來看，最重要的是孩子知不知道東西不是他的，以及是否可以拿取不屬於他的東西。這涉及到對物品所有權的認知，從大腦發展的角度來看，三歲前的孩子還沒有發展出「物權」的觀念，行為是以自我的需求為出發點，因此他不瞭解偷竊的意涵，想要的東西會便直接伸手去拿。而透過大人的告誡、處罰，孩子直接拿取的行為便逐漸減少，並且開始學習到有些東西不屬於自己的概念。到了四、五歲學齡前的階段，孩子的大腦開始能夠分辨你跟我的不同，在這個基礎下發展出私有財產的概念，對行為的是非判斷也有了基本認識，同時家人的教導，讓孩子能夠學習以符合規範及期待的方式拿取物品。

因此小學一年級的孩子，在正常狀態下都知道物權的概念，剩下就是判斷行為對錯的能力。

偷竊行為，我們可以概略依據孩子的狀態分成幾種類型：❶家庭教養功能出了問題，孩子對是非判斷有偏差，❷長期有生理或心理剝奪而出現困難的孩子，❸過動衝動特質的孩子，行為比意念還快，或是❹伴隨以上狀態的孩子以及❺工具型的偷竊。

爸媽可以怎麼做

1. 評估

共通性的原則基本上都是要瞭解孩子的動機、行竊物品的模式與類型這兩項。

❶ **偷竊行為動機之評估：**在爸媽處置之前，最好能夠瞭解孩子背後的動機，才能夠評估適合的處置方式。有些孩子是因為對滿足物質的慾望（對某些物品基於喜愛或需求，但無法以正當手段獲得）、受教唆、家長未予以禁止、父母不尊重兒童的所有權、天性（特質，衝動控制、刺激感）。

爸媽可以很清楚的和孩子說明對他偷竊的看法、擔心及處理方式，並且確實執行。

家長可以說：**「我看到／聽到你最近的行為＿＿＿＿（中性的描述事件的過程），這讓我覺得＿＿＿＿（情緒），因為＿＿＿＿（讓你有這些情緒的原因），因此我要和你好好討論這件事情＿＿＿＿（請孩子說明他的原因）。」**

❷ **偷竊類型之評估：**偷竊行為都有模式，就算沒有模式本身也是一種模式。這包括時間、地點（按照嚴重程度區分為校內：班級、操場、非辦公

室之其他地區、辦公室；校外：家中、公園等公開場所、實體商店等）、物品（物品、錢、食品等，並釐清該物品對孩子所代表的意義是什麼）、偷到物品後的處置（師長、父母的反應）、心情（緊張、歡愉、刺激）、想法（有無罪惡感）等。

這些資料可以讓我們知道孩子偷竊的類型、場所、時機以及心理的狀態，每一個環節都可能是日後增加或減少偷竊的關鍵。

2. 當問題來自家庭功能時

不少孩子因為家庭教養或是功能的缺乏，因此如果原因是家庭問題，往往也會是很複雜的問題，因為孩子的行為可能是家庭整個問題的最末端，而不是核心的問題，所以解決家庭中正面臨的問題才是首要。

我曾經遇過一個孩子，爸爸在遠地上班，媽媽因為要負擔家中大小事，又要處理兩人的婚姻問題，每每心力交瘁下，不自覺便用禁食、罰跪、鞭打的方式處理孩子的問題行為，而孩子在長期匱乏的高度焦慮中，在學校中出現長期的慣竊行為，疑似過動注意力不足的問題，這一切在穩定的治療關係介入後，才獲得改善。

3. 衝動控制困難的孩子

有些孩子的偷竊是因為本身明顯過動衝動特質的結果，因此不只大人，孩子自己也相當辛苦，因為有時當情緒或念頭一出現，行為就跟著發生了。除了尋求醫療的協助外，父母也可以和孩子訂定努力契約，和孩子討論如何處理情緒，以及如何運用手邊的資源以及意志力，來減少偷竊的發生。

家長可以說：**「我知道你有時候當衝動或是情緒來時，會很難克制地想要拿取別人的東西（同理孩子的處境），不過同時我發現你也清楚這是不對的行為（肯定孩子有判斷的能力），這就代表你有可以努力的空間（增加嘗試的動機），我要請你跟我一起做些嘗試（合作的關係）。」**

在孩子嘗試的過程中，重點是和孩子討論他遇到的困難，針對困難的解決方法，以及你是否看到他的進步或努力，有時候孩子的進步可能不明顯，但他的努力則是值得被鼓勵的，而這種努力克制的能力，也是孩子終生的重要寶藏。

4. 工具型利用的孩子

有些孩子的偷竊是為了報復特定的人，或是吸引別人的注意、轉移自己的情緒，這些原因在釐清動機的過程中便會慢慢浮現。這類的孩子有判斷行為的能力，只是他做錯了選擇。當我們看到孩子背後的需求，並作了適切的處理與告誡後，往往事情會有所改善。

5. 一旦查獲、得知、懷疑偷竊行為發生時，可立即採取的方法

有時候儘管孩子偷竊的原因複雜，處理起來也很棘手，但每一次偷竊行為的發生，仍然必須立即處理。

❶ **過度矯正：**要求孩子將查獲的物品馬上送回給所有者，外加一樣和所竊

物品相當之物品（並由孩子的所有品中選取）。這麼做的目的，是讓孩子為行為付出代價，同時也讓孩子知道爸媽對偷竊的嚴正立場。

② **內隱行為改變技術：**這個方法是在孩子與爸媽關係不錯，也有適當溝通管道下會比較適合。

首先讓孩子想像偷竊後所面臨的嫌惡情景，並讓他條列出偷竊造成的負面結果（像是失去別人的信任、朋友變少、失去某些權利或福利等等）。不同年紀孩子的條列方法可以有一些調整，小一點的孩子可以用圖畫替代（比如請孩子畫出偷竊後，老師、同學嫌惡的表情、被罰坐在隔離區等等），大一點的孩子可以用寫的，記錄在自己的筆記本中。讓孩子在每天上、下課時各自想一遍（或者可請導師、輔導系統協助實施，或是提供該嫌惡情景的圖畫）。

親師交流板

每一個孩子偷竊的原因都不同，釐清動機是首要的重點。

衝動過動的孩子，有時只是一時的需求，事後仍然知道自己的行為不對。對於這類的孩子，給予反省恢復的機會是有意義的。有的老師會在教室內放一張桌椅，並且和孩子約定，如果因為衝動而拿了物品，但可以在一定的時間返還的話，則不予追究。這背後的用意是在鼓勵孩子反省並且學習克制，而不是處罰他難以克制的行為，但同時我們也可以將孩子每次返還的時間當作他意志力的表現，並鼓勵他把意志力放在事前的克制上。

對於孩子短暫未再出現偷竊行為時，口頭、社會性的鼓勵也有助於孩子的進步。

1.

2.

造成孩子偷竊的原因動機各不相同，找出關鍵才能對症下藥。

Q21 孩子用器具自我傷害時，該怎麼辦？

「老師！老師！不好了！雅潔他……」美術課才一下課，班上的孩子急忙跑回班上。

「雅潔怎麼了嗎？慢慢說。」王老師不安地放下手邊工作，抬起頭看著第一個跑來的孩子。

「雅潔、雅潔她……她剛剛美術課的時候，突然用刀子割自己的手！大家都看到了！」孩子上氣不接下氣地說完，這下換王老師慌張了，「她現在人呢？有沒有怎麼樣？」

「她現在應該在美術老師那邊吧，老師把她留下來了。」孩子回應。老師趕緊拿起話筒，等和美術老師瞭解了來龍去脈，雅潔也剛好回到班上。

「雅潔，請你過來一下」等雅潔站定後，老師繼續說：「我從美術老師那知道了你的事，發生什麼事了？我想聽你說說。」

「沒有啦，只是好玩而已……」雅潔低著頭不好意思地回話，似乎知道自己做了不太好的事情。

「我聽美術老師說，這好像不是第一次了喔！是哪一隻手？」王老師示意雅潔把手伸出來，然後仔細地看了一遍，發現孩子的左手腕上有幾道細細白白，長短不一的淺面刮痕。「這是什麼？」老師認真的看著雅潔。

「就是好玩而已，用鐵尺弄的，覺得癢癢的……」雅潔回。

「你確定只是好玩嗎？」老師不放心又再確認了一次，雅潔點點頭沒有再回話。

「這個行為相當不妥，老師會很擔心你知道嗎？以後不可以在班上出現類似的行為，知不知道？」導師鄭重告誡，雅潔點了點頭，只見她轉過身吐了吐舌頭，走回座位上。而老師利用課餘的時間，撥了通電話給輔導處。

生活應用解析

不管是誰，或選擇用什麼方式或工具，試圖「傷害自己」本身就是一件不太尋常的舉動。因此當家長聽到或看到孩子的這類行為時，心裡的驚恐可想而知，大量地擔心幾乎淹沒了冷靜，我們拼命去想孩子為什麼要這麼做？他是不是不開心？到底出了問題？是不是在外面發生了意外，或是被誰欺侮卻又不敢告訴自己等等，而這些擔心的源頭，是因為我們害怕失去孩子，因此不可能等閒視之。

在學校的幾年經驗中，我發現大部分孩子由於身心狀態都還不成熟，對於生、死的概念與意義是不清楚的，加上能力限制，孩子很難操弄精密或粗重的機械或物品來傷害自己，所以幾乎少有孩子是因為找不到人生意義，或是承受著極大痛苦，而選擇用自戕作為逃避的案例。但這不代表孩子不會自我傷害，事實上，自我傷害在校園中並不罕見。那麼，這背後的原因就更值得我們好好探究瞭解，孩童自我傷害的原因是相當多元且複雜的，沒有辦法用一個原因說明或解釋，僅能約略分成幾個部分：

1. 好奇、好玩、同學起鬨

不少孩子出於好奇，或是在同學的起鬨下而做出傷害自己的行為，可能就只是別人的一句話或是一個玩笑，孩子的判斷力便在慫恿下瓦解，做出危險的行為；像是從高處跳下、跑到都是車子的馬路上等。這種出於對別人激勵或挑釁的回應，是因為孩子的大腦還不成熟，一激動就看不到事情的結果，所以別人一點火，他自己就爆炸了。

2. 情緒或是適應問題

有些自我傷害的孩子，原因是明顯的情緒問題，而所用的方法從用刀片割手腕、利器劃手臂、鐵拳槌牆壁，到空手拔頭髮不勝枚舉。如果你再仔細探究，你會發現這些孩子的情緒就像捆綁住一堆粽子最上面的那一條線，一拉就會連帶將整串的人際、課業、家庭或其他相關問題全部拉扯出來。

3. 自我傷害成為索取注意的手段

有些孩子可能因為家庭、自己或是其他因素，亟需大人或同儕的注意。當這類孩子在無意間透過某些管道，發現自我傷害可以獲取大人的注目與關心時，無形中就加強了孩子行為的頻率。但是焦點仍然在他的目的：希望能夠被關心、被注目。

4. 其他診斷問題

不少兒童期常見的發展疾病，也會出現固著且重複的自我傷害行為，像是敲打自己的頭、撞牆壁等等。不過我們應該要瞭解，疾病限制了孩子解決問題的能力，因此僅能採取激烈的反應方式，然而孩子面對的困擾與產生的情緒，才是我們應該要關注的核心。

爸媽可以怎麼做

1. 當孩子是因為好玩好奇時

大部分孩子基於好玩、好奇而做出某些會傷害自己的行為時，重點在於讓孩子知道行為的潛在危險與後果。

如果他知道從樓梯跳下來的代價，是裹著石膏的腳將連續三個星期不能出去玩；或者是跑到大馬路上玩的後果，是大人的擔心跟處罰時，或許他下次就會在行動前會先想一想。中低年級的孩子對安全、危險這種很抽象的概念不太瞭解，所以與其只對孩子說某件事情很危險，不如同時讓孩子知道做這件事情的後果是會失去他在意的事物，像是玩樂時間、禁足、沒收等等，他就會認真思考這個行為是否必要。不過，當回想我們自己小時候的經驗時，我們似乎也不是百分之百遵從父母的每一次告誡，或許在某些時候，經驗比言語更有力量。

2. 當孩子有明顯的情緒問題時

一旦長期累積的情緒找不到出口，便會在激烈而矛盾的苦痛中尋求撫慰。當孩子被情緒所纏繞時，是相當耗費資源與心力的一件事，孩子要面對眼前引發情緒的困境，還要應付情緒本身的折磨，因此，自我傷害成了從苦痛中逃離的少數選擇。

某種程度的生理傷害，會促使大腦中釋放一種類似嗎啡的成分，它能夠安定精神，帶來正向的愉悅感，讓流離在苦難中的人帶來短暫解脫，而這種解脫連同來自他人的關注，則又帶來了下一次同樣的選擇。

問題的核心在於孩子所面臨的困境，當能力無法解決問題，孩子便在長期的無助困頓中累積了大量而負向的情緒，困境是原因，情緒是結果。

❶ 當孩子想要關心時：當我們發現孩子透過行為索取被關心的需求時，最直接的處理方法，就是點出他的行為與需求之間的不恰當關係，讓孩子知道我們看到他行為背後的需求，我們反對但不批判孩子的行為，但更重

要的是，我們承認他的需求是如此真實且不容否認的存在，畢竟對一個能力還有限的孩子來說，或許自我傷害是最直接簡單的方式，來證明自己值得大人的關注或愛。

❷ **當孩子伴有發展性診斷問題時：**有些活力旺盛或是個性比較偏執的孩子，容易在遇到挫折時出現傷害自己的行為，這顯示孩子在面對壓力下的彈性有限，導致他在認知資源不足時，會用比較激烈的方法表達自己的情緒或挫折。這類孩子則需要家長、導師、輔導老師與治療師共同合作，從比較全面的角度為孩子拓展出各式各樣的選項與可能。

親師交流板

自我傷害由於涉及人身安全，是一個殺傷力極大的行為，不但複雜又棘手，造成老師及校方極大的壓力。當孩子又伴隨明顯的情緒問題或診斷問題時，情況也就更加困難。儘管自我傷害是一個多面向的社會與心理問題，但是人身安全是優先的考量，因此一旦孩子有自我傷害的疑慮時，增加環境中的保護因子是很重要的，比如指派小天使陪同、減少孩子獨處的時間、提供直接的聯繫管道及轉介輔導處協助等等。

如何評估孩子自我傷害的風險

「自我傷害」對任何人來說，都是一個相當嚴肅且不容忽視的問題。不管是家長、老師或是同學，我們都有可能會在生活中遇到類似的情況，甚至必須直接反應跟處理，因此我們有義務對自我傷害多一些瞭解，才能提高警覺。

認識自我傷害的第一步，就是瞭解什麼是自我傷害。「自我傷害」是一個人「有意圖的」做出可能會直接或間接傷害到自己的行為。簡單來說，就是他「想要」傷害自己。一般來說，自我傷害大概有以下幾種狀況：

- **自我傷害：**基本上孩子並沒有真正要結束生命的想法，但是卻用各種方式來傷害自己的健康，例如：以頭撞牆、以手打牆壁、重複拔自己的頭髮、咬傷自己等行為。
- **攻擊行為：**故意用傷害別人的方式，然後意圖讓自己陷於不利的狀況。
- **自殺的想法或是計畫：**有自殺的意念或是具體的計畫。
- **自殺的行為：**依據自己的意圖跟計畫結束自己的生命。

以上是幾種我們會擔心的情況，通常也會跟自我傷害有高度的關係，不過自我傷害通常都是一個長期漸進的過程，很少是突然的行動，所以孩子會有一些外顯的特徵，是可以觀察到的。只要留意這些警訊，就有機會可以減少憾事的發生。而跟自我傷害有關的徵兆，我們大略可以分成五類，分別是：❶言語上的❷行為上的❸生理及情緒上的❹環境上的，以及❺四種合併下的線索：

❶ **言語上的線索：**語言是理解孩子最快、最直接的管道，語言也是反

應孩子內在想法的主要媒介。如果孩子的話中透露出想死的念頭，比如說：「我真的應該去死一死」、「我死了也不會有人在乎」這類的詞語，顯然就不是一件尋常的事情。依據大部分臨床工作者的經驗，國小的孩子不太會掩飾想死的意念，因此會在通訊軟體或社群網站上留言，不然就是在作文、週記或甚至直接說出來。有些孩子對死亡有不正確的概念，比如說孩子會認為死亡只是暫時的、是可以恢復的，還可以用來逃避不想要的壓力等等，這些都是對死亡本質的錯誤認知，也可能意味著孩子對死亡有某種期待或需求，希望透過死亡來應付某些難關。

② **行為上的線索：**每個人的行為都有某種慣性，或者是說規律性，比如說幾點起床、出門、搭什麼車上班、走哪條路上學、在哪邊吃早餐等等，因此在平常的狀態下，我們的行為模式並不會有什麼太大的改變，但如果這種生活的慣性突然出現了明顯的大變化時，也就是「**和以前不一樣**」時，那可能就意味著孩子遇到某些麻煩了。比如說，原本很喜歡分享的孩子，突然

對學校或家裡的活動不再熱衷、原本禮貌的孩子對長輩或家人變得很有攻擊性、原本沉默的孩子突然變得很聒噪、成績的改變、人際關係的退縮或積極、到校時間變得不穩定、精神狀態的起伏等等，這都可以視為某種徵候，有必要進一步的瞭解與澄清。

③ **情緒及生理上的線索：**除了行為與語言的線索外，情緒也是一個很重要的特徵。如果一個人長期處在負向的情緒下，通常會影響到他的觀點，不但窄化了看事情的角度，也僵化了思考的彈性而做出偏激的結論。

因此，如果你發現孩子長期處在低落或負向的情緒中（像是難過、暴躁如雷、惶惶不安、冷淡疏離、苦悶無望、無助失落、罪惡無價值感等等），或是孩子的情緒上上下下，變化大而不穩定時，這都值得留意。情緒也會影響到生理，最常見的問題包含睡眠問題（常常在睡覺、不容易入睡、睡著後容易驚醒等等）、沒有食慾或飲食過量，以及體重明顯上升或下降等。

④ **環境上的線索：**任何讓孩子感到明顯壓力，並且超過他覺得自己可

以應付的事件或環境，就有可能是一種警訊。例如：嚴重的失落事件，像是最親近的家人死亡或離開，家庭結構或雙親關係的變故或意外，像是外遇、爭執、離婚，或是在校內外遭受霸凌等等。當這些事情發生時，如果孩子沒有良好的認知功能、友善且支持的人際關係或環境時，他可能會因為不知道該怎麼應付，加上沒有人可以幫助他的情況下，而落入無助的絕境。

5 合併式的線索：每一個事件本身，都可能是前一個事件的結果，也可能是下一個事件的起頭，事件與事件、狀態與狀態之間，是彼此關聯而相互影響的。前面介紹的四個特徵，基本上是把一個人的狀態分成四個角度做細部的觀察與評估，然而當我們把這四個角度合併在一起時，才能夠用更全面的視野瞭解孩子的處境，以及這些事件與狀態彼此間的關係。

比如說，我們可能會看到孩子原本每天都很期待上學，老師的評語也都是積極正向的肯定與鼓勵，但就在某個時間後，他突然變得畏縮，每天睡覺前悶悶不樂，早上愁眉苦臉，常常在上學日抱怨頭痛、肚子不舒服藉故不想去學校，也不再分享學校的事情。和孩子聊天時，他表示「心裡很煩，不知道該怎麼辦，我覺得事情永遠不會有好轉的一天，我只想遠遠的逃開……」，原來孩子遭到高年級學生的霸凌，還被威脅不可以跟任何人提起，連老師也不知道。當孩子覺得上學很痛苦，而且沒有人能幫忙他時，這種沉重的壓力若持續下去，很可能會對孩子帶來看似無止盡的痛苦，而在壓力中以自我傷害的方式逃避現實問題。

如何評估

一旦懷疑孩子有以上的狀態時，老師及家長可以使用「**學生自我傷害行為篩選量表**」（**如附件三**）來作為初步檢測的依據，得分高則應該盡速聯繫校方，包含導師與輔導系統，而若孩子得分低並不代表沒有自我傷害的風險，但可能顯示孩子目前有遇到一些適應不良的情況，仍然必須要給予關心與瞭解。

面對高風險的孩子，父母跟老師該怎麼做

面對高風險或是潛在自我傷害的孩子，有三個步驟是我們可以做的：**一問二應三轉介**。

步驟一：問

過去的研究不斷顯示，自我傷害通常有跡可循，而不是突發狀況。一個行為的出現通常都是從念頭↓計畫↓行動的過程，因此一旦懷疑孩子有自我傷害的想法時，可以透過以下問句來瞭解孩子的自我傷害是位在念頭、計畫以及行動的哪一個階段。

問法包含間接的：**「你最近是不是感到不快樂？（不快樂到想要結束自己的生命）」、「你是否曾經希望睡一覺並且不要再醒來？」**，也可以直接詢問孩子：**「你是否有想到要自殺呢？」**有的

人對於是否要直接詢問孩子感到困惑，根據世界衛生組織最新的研究指出，在良好的關係下，談論自殺並不會增加自殺的風險，反而有助於釐清當事人自殺的想法，並且在傾聽的過程中，讓孩子感受到被重視、在乎的感覺。而在傾聽時，避免太快批評或下判斷、太快給建議。只需要傾聽就好。

你可以說：**「當我聽到你剛剛說的這些，其實我有點擔心（疑惑），如果你不介意的話，我想請你幫我，我想再多瞭解一點點有關你最近的狀態，好嗎？」**

如果對方說不用，可以繼續詢問：**「沒有關係的，但可以跟我說是什麼讓你感到擔心嗎？」**

步驟二：回應

回應的重點在於瞭解孩子的想法，因此不需要否定或斥責孩子的態度，只需要：

❶ 瞭解孩子負向思考的內容。

❷ 對於孩子任何正向思考給予積極的回應。

❸ 提供任何形式的「希望」。

❹ 詢問孩子接受協助的意願，鼓勵其尋求協助。

步驟三：轉介

輔導系統、身心科門診都是我們可以轉介的資源。在轉介前，請向孩子解釋轉介的原因與目的，在於我們希望可以透過更多專業的力量，跟孩子**一起**解決眼前的問題。

1.

自我傷害的背後，往往是一連串錯綜複雜的原因。

2.

透過關懷的人際連結，陪伴孩子走出情緒陰霾，
讓我們成為孩子的小太陽。

附錄一 情緒溫度計

適用年齡：低年級適用。

功能：用溫度計的具體概念，幫助孩子瞭解自己情緒的不同程度。爸媽可以和孩子一起合作完成。

做法：先標出零—十的指標，跟孩子一起用不同顏色在溫度計中畫出各個情緒的區塊。比如零—二是藍色，代表開心；二—四是綠色，代表緊張等等，依此列推。爸媽可以提供情緒的字詞，由孩子決定顏色，並且寫下在不同情緒時，孩子的身體感覺跟行為。也可以藉此討論遇到負面情緒時怎麼辦。

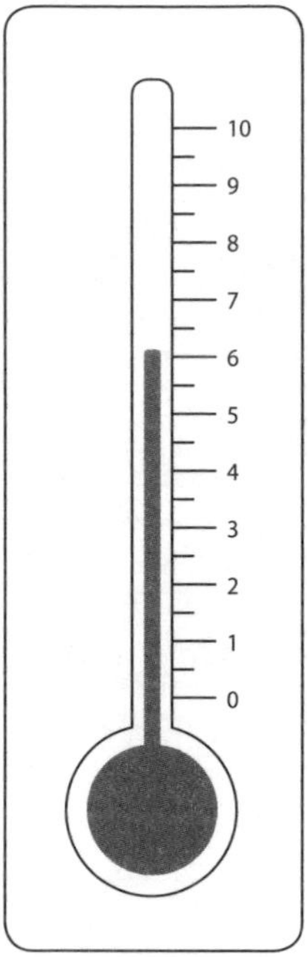

請掃描QRcode
下載使用

附錄一

心情溫度表

‧**適用年齡**：中年級適用。

‧**功能**：此為情緒溫度計的概念圖，爸媽可以和孩子一起完成專屬孩子的情緒溫度計與情緒臉譜。

‧**做法**：可以從零－一百，或從零－十，把情緒依程度劃分，並依據孩子的能力做評估。更重要的是記錄下來Ⓐ事件、Ⓑ想法跟情緒以及Ⓒ結果，並讓孩子評估是否喜歡結果，再來討論具體做法。

＿＿月＿＿日的心情溫度計

情緒臉譜	溫度	情緒	想法、感覺	我做了什麼？	結果	我喜歡嗎？
≻_≺	10	**超生氣 大發狂** 分數：例9.2	例如：氣死我了，我連這個都做不到、每個人都故意針對我⋯⋯ □其他：	例如：丟東西、大吼大叫、跑開、哭泣、踢東西等等		
(>_<)	8	**沮喪 難過** 分數：例8.3	例如：我好糟糕、我感覺不舒服、不要吵我，讓我靜一靜 □其他：	例如：躲起來、走開、哭泣、不去上課等等		
Σ(°△°|||)	6	**挫折 失望** 分數：例7.2	例如：事情沒照著我的想法走、飢餓、疲勞、頭痛、想放棄 □其他：	例如：不想理人等等		
ㄒ.ㄒ	4	**害怕 緊張** 分數：例4.1	例如：我不確定可不可以⋯⋯、我不知道該怎麼辦⋯⋯、身體緊繃、呼吸急促 □其他：	例如：一直跑廁所、跑出教室、東摸摸西摸摸等等		
。^◡^。	2	**感覺好 心情好** 分數：例0.5	例如：看什麼事情都覺得好棒、心情輕飄飄 □其他：	例如：跟大家一起笑、開玩笑等等		

附錄一

我的心靈週記

- **適用年齡：**高年級適用。
- **功能：**目的是協助孩子練習記錄情緒事件，並在整理的過程中，孩子也開始練習如何摘要、表達與書寫一段文章。記錄時，孩子也會開始熟悉事情的前因、後果以及與情緒之間的關係。

我的心靈週記（　月／　日～　月／　日）

日期／時間	地點	發生什麼事情／怎麼發生的？	我的心情是什麼？／我做了什麼？	結果是什麼？	心情溫度計

附錄二 神隱偵探：人際事件調查簿

・**目的**：跟孩子一起合作，建立良好的人際關係。

・**方法**：利用二到三週的時間，和孩子一起設計一個活動，叫做「我是小偵探」，目的是要讓孩子接受人際挑戰，看看孩子有沒有辦法完成任務（引發動機）。

・**遊戲方法**：

1. 選定一個班上人緣不錯，或是孩子欣賞的對象，一個就好。
2. 進行二到三週的角落觀察，也就是小偵探不能被別人發現自己在觀察。

註：和孩子討論利用什麼時候記錄，如何不被發現（遠遠看，靜靜聽，不作聲），如果被別人看到時，該怎麼回應：「這是我的團體活動作業，不方便公開，但是老師知道」等等。

3. 要觀察這個對象哪些部分，包含：跟人家講話時的表情是什麼、講話眼睛看哪裡、音量大或小聲、講話速度快或慢、會不會等別人說完話再回答等等（如表格所示）。

4. 從零—十計分，零分就是比較低（負面），而十分就是相對高分（正面），讓孩子加計總分（之後也可以跟自己對照）。每天（看導師方便），結算一次，有正確紀錄連續一週（五天），便給予獎勵一次（要先建立孩子的獎勵清單，這邊作獎勵也是鼓勵孩子能夠靜靜觀察）。

5. 建立完第一天的清單後，討論是否有任何困難的地方，是否需要調整或修改，第一週建議比較積極的瞭解進行狀況。

6. 待孩子穩定記錄後，可以試探的和孩子討論如果換成自己，會得幾分。和孩子一起討論自己有哪些地方表現很好，有哪些地方可以加強，怎麼加強？

神隱偵探：人際事件調查簿

調查日期							
調查時間							
事發地點							
調查項目	眼睛注視（0-10）						
	說話音量（0-10）						
	說話速度（0-10）						
	讓別人先說完再說（0-10）						
	有專心聽（0-10）						
	正面情緒（0-10）						
	總分（滿分60）						

附錄三

學生自我傷害行為篩選量表

本量表摘自教育部編「校園自我傷害防治處理手冊」。

請掃描QRcode
即可下載量表使用

PRINTEMPS 01

弄懂 6～12 歲孩子的內心×情緒×行為問題（暢銷增修版）

心理師給父母的 21 個教養解答

作　　者　陳品皓
責任編輯　陳品潔
封面設計　Bianco Tsai
排　　版　菩薩蠻數位文化有限公司
行銷業務　平蘆

出　　版　禾禾文化工作室
社　　長　鄭美連
發　　行　禾禾文化工作室
地　　址　台北市北投區中央南路二段 28 號 5 樓之一
電　　話　(02)2883-6670
E m a i l　culturehoho@gmail.com
總 經 銷　大和書報圖書股份有限公司

印　　製　呈靖彩藝股份有限公司
二版一刷　2021 年 7 月
二版八刷　2023 年 8 月
定　　價　350 元

國家圖書館出版品預行編目（CIP）資料

弄懂6-12歲孩子的內心×情緒×行為問題/陳品皓著.
-- 二版. -- 臺北市：禾禾文化工作室, 2021.07
面；　公分
ISBN　978-986-06593-0-6（平裝）
1.青少年問題 2.親職教育
544.67　　110007957